**Mosaik**
bei GOLDMANN

*Buch*

Ob Kristina, Freya oder Sven – wohlklingende Namen aus den kühleren Gefilden sind nicht nur in nordischen Gefilden aktuell. Für Jungen und Mädchen gleichermaßen werden diese klangvollen Namen auch bei uns immer beliebter. Eltern, die die Individualität ihres Kindes mit einem interessanten Namen unterstreichen wollen, finden in dieser umfassenden Auswahl nordischer Namen garantiert das Passende. Die schönsten Vornamen aus Norwegen, Schweden, Finnland, Island, Grönland, den Niederlanden und Friesland wurden von Dietrich Voorgang alphabetisch zusammengestellt. Kurzformen und Kosenamen sowie Bedeutung und Schreibvariationen runden diesen Ratgeber ab.

*Von Dietrich Voorgang außerdem bei Mosaik bei Goldmann*
Vornamen aus aller Welt (16490)

Dietrich Voorgang (Hrsg.)

# Nordische Vornamen

**Mosaik**
bei GOLDMANN

*Umwelthinweis:*
Alle bedruckten Materialien dieses Taschenbuches sind chlorfrei und umweltschonend.

3. Auflage
Vollständige Taschenbuchausgabe September 2003
Wilhelm Goldmann Verlag, München,
ein Unternehmen der Verlagsgruppe Random House GmbH, München

Umschlaggestaltung: Design Team München,
unter Verwendung eines Fotos von: Premium, Edelbruch
Satz: Uhl + Massopust, Aalen
Redaktion: Winfried Schindler
Druck: GGP Media GmbH, Pößneck
Verlagsnummer: 16557
Kö · Herstellung: Ina Hochbach
Printed in Germany
ISBN 3-442-16557-1
www.goldmann-verlag.de

# Vorwort

Birte, Gerda, Silke oder Axel, Ingvar, Sven – nordische Vornamen klingen schön und werden immer beliebter. Dieses Buch listet über 2000 Vornamen aus dem nordischen Sprachraum auf. Das Buch ist nicht speziell für Namensforscher bestimmt, sondern für alle, die sich für nordische Namen interessieren und vielleicht die Bedeutung eines Vornamens nachschlagen wollen, außerdem für Eltern, die einen Namen für ihr Kind suchen.
Bedenken Sie bei der Auswahl eines Vornamens unbedingt Folgendes: Das Kind muss mit seinem Namen ein Leben lang auskommen, er kann sich sogar auf seine Persönlichkeit auswirken. Der eigene Vorname gehört zu den Worten, die ein Mensch am häufigsten hört. Sehr ausgefallene Namen können einem Kind schon in der Schule Probleme bereiten. Später kommt die Schwierigkeit hinzu, einen ungewöhnlichen Namen immer wieder buchstabieren zu müssen. Weiter sollten Sie bei Ihrer Entscheidung berücksichtigen, ob Vor- und Nachname zueinander passen. Bedenken Sie schließlich, wie beispielsweise ein friesischer Kosename, der für ein Kind niedlich klingt, als Name für einen Erwachsenen wirkt. Den Ausschlag sollte immer das Wohl Ihres Kindes geben.
Das Kindeswohl steht auch im Namensrecht an oberster Stelle. Grundsätzlich muss der Vorname zwei Kriterien genügen: Er muss als Vorname geeignet sein und eindeutig das Geschlecht kennzeichnen. Vornamen, die das Geschlecht nicht eindeutig bezeichnen, dürfen zwar erteilt werden, allerdings muss dann ein das Geschlecht eindeutig bezeichnender Zweitname hinzugesetzt werden.
Wünschen die Eltern für ihr Kind einen in Deutschland nicht geläufigen Vornamen, müssen die Standesbeamten sich davon überzeugen, dass es sich um einen Vornamen handelt, und feststellen, ob er das Geschlecht eindeutig bezeichnet. Dazu ziehen sie verschiedene Quellen heran, besonders das *Internatio-*

*nale Handbuch der Vornamen.* Ist ein Vorname dort verzeichnet, wird er ohne weiteres akzeptiert. In dem vorliegenden Buch sind auch Vornamen aufgeführt, die in dem Handbuch nicht verzeichnet sind. Weigert sich ein Standesbeamter, einen solchen Vornamen zu akzeptieren, können die Eltern gegen diese Entscheidung klagen. Das Verfahren kann sich über mehrere Instanzen hinziehen. Der Ausgang eines solchen Gerichtsverfahrens ist nicht vorherzusagen. Bei der Entscheidung kommt es (leider) sehr auf den Richter an. Gut sieht es aber in der Regel für Eltern aus, die nachweisen können, dass der von ihnen gewünschte Vorname in einem Vornamenbuch aufgeführt ist. Deshalb sind am Schluss dieses Buches alle verwendeten Quellen aufgeführt, in denen jeder hier genannte Vorname belegt ist.

Wenn Sie die Gefahr einer solchen gerichtlichen Auseinandersetzung umgehen wollen, sollten Sie sich vorher beim Standesamt erkundigen, ob Ihr Wunschname ohne Schwierigkeiten akzeptiert wird. Am einfachsten ist es, wenn Sie zwei oder drei Alternativnamen haben, auf die Sie notfalls ausweichen können.

Die Anzahl der Vornamen ist nicht beschränkt. Mehrere Vornamen können durch Bindestrich miteinander verbunden werden. Mehr als zwei Vornamen sind aber nicht zu empfehlen.

Zum Aufbau dieses Buches und der Erklärung der Namensbedeutungen noch folgende Hinweise:

Mädchen- und Jungennamen werden getrennt aufgeführt. Namen, die für beide Geschlechter gebräuchlich sind, werden in beiden Teilen genannt. Häufig sind nordische Vornamen von anderen Formen abgeleitet. Deshalb finden sich auch Namen althochdeutscher, griechischer und lateinischer Herkunft, von denen Ableitungen angegeben sind.

Bei den Vornamen, die aus dem Althochdeutschen stammen, werden die Bedeutungen der Namensbestandteile getrennt angegeben, da diese Bestandteile schon früh mehr oder weniger beliebig zusammengesetzt wurden, sodass sich häufig keine Sinneinheit mehr erkennen lässt. Nicht immer lässt sich angeben, aus welcher Sprache ein Name

ursprünglich stammt. So können manche Namen beispielsweise aus dem Althochdeutschen oder aus dem Nordischen abgeleitet werden.
Manche Namensbedeutungen lassen sich unmittelbar auf den Namensträger beziehen, z. B. Amanda = die Liebenswerte. Andere Namen sollen dem Namensträger bestimmte Eigenschaften zuschreiben. Solche Eigenschaften müssen häufig durch Interpretation erschlossen werden. Beispielsweise soll ein Name, der »Bär« bedeutet, nicht besagen, dass der Namensträger Ähnlichkeit mit einem Bären hat, sondern der Name soll ihm etwa die Stärke des Bären zuschreiben.
Trotz großer Sorgfalt beim Zusammentragen der Namen und ihrer Bedeutung sind Fehler nicht ganz auszuschließen. Schreiben Sie bitte an den Verlag, wenn Sie Korrekturwünsche haben.

# A

**Aaltje**
friesische und niederländische Form von Adelheid

**Abelke**
friesische Kurzform von Vornamen, die mit »Adal-« (edel, vornehm) zusammengesetzt sind, vor allem von Adalberta

**Abelone**
dänische und norwegische Form von Apollonia

**Adalberta**
*aus dem Althochdeutschen:* edel, vornehm und glänzend

**Adalgard**
*aus dem Althochdeutschen:* edel, vornehm und Schutz

**Adela**
Kurzform von Vornamen, die mit »Adel-« (edel, vornehm) zusammengesetzt sind

**Adelheid**
auch Adelheide; *aus dem Althochdeutschen:* edel und Art

**Adriane**
auch Adriana, Adrian; *lateinisch:* die aus der Stadt Adria; Adrian auch als männlicher Vorname!

**Agathe**
auch Agatha; *griechisch:* die Gute

**Agda**
schwedische und dänische Form von Agathe

**Aggi**
nordische oder schottische Kurzform von Agathe

**Agna**
schwedische Kurzform von Agnes

**Agnes**
*griechisch:* die Reine, Keusche

**Agneta**
schwedische Form von Agnes

**Agnetha**
schwedische Form von Agnes

**Agnita**
schwedische Form von Agnes

**Aila**
finnische Form von Helene, Helga oder Alice

**Ailke**
niederländische und niederdeutsche Kurzform von Adelheid

**Aina**
*finnisch:* die Einzige

**Akseline**
weibliche Form von Aksel

**Aleida**
niederdeutsche Kurzform von Adelheid

**Aleide**
niederdeutsche Kurzform von Adelheid

**Aleit**
niederdeutsche Kurzform von Adelheid

**Aleke**
niederdeutsche Koseform von Vornamen, die mit »Adal-«, »Edel-« oder »Al-« (edel, vornehm) zusammengesetzt sind

**Aleksandra**
nordische Form von Alexandra

**Aleta**
friesische und niederländische Form von Adelheid

**Aletta**
friesische und niederländische Form von Adelheid

**Alette**
friesische und niederländische Form von Adelheid

**Alexandra**
*griechisch:* die Helferin, Schützerin

**Alfhild**
*nordisch:* Elfe, Naturgeist und Kampf

**Algea**
*friesisch:* Elfe, Naturgeist und Speer

**Algeth**
ostfriesische Form von Adalgard

**Algethe**
ostfriesische Form von Adalgard

**Alice**
auch Alyce, Alicia; englische Kurzformen von Elisabeth, Adelheid oder Alexandra

**Alid**
friesische Koseform von Adelheid

**Alida**
ostfriesische oder ungarische Koseform von Adelheid

**Alide**
friesische Koseform von Adelheid

**Alina**
schwedische und ungarische Form von Helene

**Aline** schwedische und ungarische Form von Helene

**Alita**
friesische und niederländische Kurzform von Adelheid

**Alka**
niederdeutsche Koseform von Vornamen, die mit »Adal-«, »Edel-« oder »Al-« (edel, vornehm) zusammengesetzt sind

**Alkje**
niederländische Koseform von Vornamen, die mit »Adal-«, »Edel-« oder »Al-« (edel, vornehm) zusammengesetzt sind

**Alla**
schwedische Kurzform von Vornamen, die mit »Al-«

zusammengesetzt sind, z. B. Alexandra

**Alletta**
schwedische Form von Adelheid

**Allida**
ostfriesische Koseform von Adelheid

**Ally**
schwedische Nebenform von Alla

**Alste**
friesische Kurzform von Vornamen, die mit »Adal-«, »Adel-« oder »Al-« (edel, vornehm) zusammengesetzt sind

**Altje**
friesische und niederländische Form von Adelheid

**Alva**
*schwedisch:* Elfe, Naturgeist

**Alvi**
schwedische Form von Alwine

**Alvild**
*nordisch:* Elfe, Naturgeist und Kampf

**Alvilde**
Nebenform von Alvild

**Alvina**
*nordisch:* Elfe, Naturgeist; oder schwedische Form von Alwine

**Alvy**
schwedische Form von Alwine

**Alwine**
weibliche Form von Alwin

**Amanda**
*lateinisch:* die Liebenswerte

**Amkea**
niederdeutsche und friesische Kurzform von Vornamen, die mit »Amal-« (auf das ostgotische Geschlecht der Amaler bezogen) zusammengesetzt sind

**Andersine**
weibliche Form von Anders

**Aniet**
niederländische Form von Anna

**Aniki**
finnische Koseform von Anna

**Anina**
dänische Koseform von Anna

**Anine**
dänische Koseform von Anna

**Anita**
italienische und spanische Koseform von Anna

**Anka**
niederdeutsche, slawische und ungarische Kurz- und Koseform von Anna

**Anke**
niederländische und friesische Form von Anna

**Anna**
*hebräisch:* die Begnadete; auch als weibliche Form des alten

deutschen männlichen Vornamens Anno gedeutet

**Annbritt**
schwedischer Doppelname, zusammengesetzt aus Anna und Britta

**Anneke**
niederdeutsche und niederländische Koseform von Anna

**Anneken**
niederländische Koseform von Anna

**Annemarie**
Doppelname, zusammengesetzt aus Anna und Maria

**Annemieke**
niederdeutsche und niederländische Koseform von Annemarie

**Annette**
französische Koseform von Anne, Anna

**Annica**
schwedische Koseform von Anna

**Annik**
schwedische Koseform von Anna

**Annika**
schwedische Koseform von Anna

**Anniki**
finnische Koseform von Anna

**Anninka**
schwedische und polnische Form von Anna

**Ansine**
dänische Form von Andersine

**Antina**
niederländische und niederdeutsche Form von Anna

**Antine**
niederländische und niederdeutsche erweiterte Form von Anna

**Antje**
niederländische und friesische Koseform von Anna

**Antoinette**
französische Koseform von Antonia

**Antonia**
auch Antonie; *lateinisch:* Name der altrömischen Familie Antonia

**Apke**
ostfriesische Kurzform von Adalberta; auch als männlicher Vorname!

**Apollonia**
*griechisch:* die dem Gott Apoll Geweihte

**Aria**
niederländische Form von Ariadne

**Ariadne**
griechischer Vorname, Bedeutung unklar

**Arna**
weibliche Form von Arne

**Arndis**
nordischer Vorname althochdeutscher Herkunft: Adler und Schutzgöttin

**Asa**
*nordisch:* Ase (eine Göttin)

**Asfrid**
*nordisch:* Gott und Friede

**Asgerd**
*nordisch:* Gott und Speer

**Asina**
Nebenform von Asa

**Asta**
*nordisch:* Liebe; oder Koseform von Astrid

**Astrid**
*nordisch:* die Reiterin der Götter

**Aud**
auch Auda; *aus dem Isländischen:* reich; auch französischer Vorname!

**Auralia**
niederländische Form von Aurelia

**Aurelia**
*lateinisch:* die Goldene, die Schöne

**Axeline**
weibliche Form von Axel

# B

**Barbara**
*griechisch:* die Fremde, die Barbarin

**Barbro**
schwedische Form von Barbara

**Barte**
niederdeutsche Form von Berta

**Bauwa**
weibliche Form von Bauwe

**Bauwine**
erweiterte Form von Bauwa

**Beanke**
weibliche Form von Bean

**Beeke**
weibliche Form von Beek

**Begitta**
dänisch-schwedische Form von Brigitte

**Begitte**
dänisch-schwedische Form von Brigitte

**Beka**
Nebenform von Beeke

**Beke**
Nebenform von Beeke

**Bende**
friesisch-niederdeutsche Form von Bernhardine

**Bendine**
Nebenform von Bende

**Benedikta**
*lateinisch:* die Gesegnete

**Bengerd**
*dänisch:* Schutz des Bären

**Bengta**
schwedische und dänische Form von Benedikta

**Benita**
spanische Form von Benedikta

**Bentje**
niederländisch-friesische Form von Benedikta

**Bergitte**
dänische Form von Brigitte

**Bergliot**
*nordisch:* Hilfe, Schutz und Licht

**Bergljot**
Nebenform von Bergliot

**Berit**
dänische und schwedische Nebenform von Birgit

**Bernarda**
niederländische, romanische und slawische Form von Bernharda

**Bernharda**
auch Bernharde; weibliche Formen von Bernhard

**Bernhardine**
Nebenform von Bernharda

**Berrit**
dänische Form von Brigitte

**Berta**
Kurzform von Vornamen, die mit »Bert-« (glänzend) zusammengesetzt sind

**Bielke**
Nebenform von Bilke

**Bilke**
niederdeutsch-friesische Koseform von Sibylle

**Birgid**
nordische Form von Brigitte

**Birgit**
auch Birgitta; nordische Formen von Brigitte

**Birgitt**
nordische Form von Brigitte

**Birla**
*nordisch:* kleiner Bär

**Birna**
*nordisch:* Bär

**Birte**
dänische Kurzform von Birgit

**Birthe**
dänische Kurzform von Birgit

**Bitta**
Koseform von Birgit oder Brigitte

**Bjarka**
weibliche Form von Bjarke

**Björk**
norwegischer und isländischer Vorname, der wörtlich »Birke« bedeutet

**Blia**
*schwedisch:* die Sanfte

**Blomma**
*schwedisch:* Blume

**Bo**
*chinesisch:* wertvoll; auch

Kurzform von Bonita; auch als männlicher Vorname!

**Bodil**
dänischer Vorname, vielleicht Kurzform von Bothilde

**Bonita**
*spanisch:* die Schöne

**Bora**
in Dänemark vorkommender Vorname, wahrscheinlich: die Fremde

**Bothilde**
*aus dem Althochdeutschen:* Bote, Gebieter und Kampf

**Brandy**
niederländischer Vorname nach der Bezeichnung für Weinbrand; in Amerika verbreitet

**Brida**
Kurzform von Brigida

**Brigida**
nordische Form von Brigitte

**Brigitte**
auch Brigitta; *altirisch:* die Tugendhafte, die Erhabene

**Brisa**
*schwedisch:* Wind

**Britta**
auch Brit; Kurzformen von Birgit, Brigitta

**Bruneke**
niederdeutsche Koseform von Brunhild

**Brunhild**
*aus dem Althochdeutschen:* Brünne, Panzer und Kampf

**Brunka**
friesische Koseform von Brunhild

**Brygida**
Nebenform von Brigida

# C

**Cäcilie**
auch Cäcilia; *lateinisch:* aus dem römischen Geschlecht der Caecilier

**Caia**
auch Caja; dänische und schwedische Formen von Kai; auch Koseformen von Karin

**Calla**
schwedische Kurzform von Karoline

**Caren**
auch Karen; dänische und schwedische Formen von Karin

**Carin**
Nebenform von Karin

**Carla**
lateinische Schreibweise von Karla oder weibliche Form von Carl

**Carola**
erweiterte Form von Carla

**Carsta**
niederdeutsche Form von Krista

**Carstine**
Nebenform von Karstine

**Cathrin**
schwedische Koseform von Katharina

**Catrine**
nordische Koseform von Katharina

**Charlot**
niederländische Form von Charlotte

**Charlotta**
schwedische und niederländische Form von Charlotte

**Charlotte**
*französisch:* weibliche Form von Charles

**Christa**
Kurzform von Christiane

**Christiane**
auch Christiana; *griechisch-lateinisch:* Christi Anhängerin

**Christine**
auch Christina; Nebenformen von Christiane

**Claartje**
niederländisch-friesische Form von Klara

**Clasina**
weibliche Form von Klaas

**Claudia**
auch Klaudia; römischer Sippenname; eigentlich »die Hinkende«

**Coralie**
zu niederländisch »coralie« = Koralle

**Cornelia**
*lateinisch:* aus dem Geschlecht der Cornelier

# D

**Dagmar**
Umformung von Dragomira

**Dagny**
*nordisch:* neuer Tag; oder nordische Form von Dagmar

**Dale**
zu nordisch »dahl« = Tal

**Davida**
weibliche Form von David

**Davide**
niederländische Form von Davida; im Italienischen auch männlicher Vorname!

**Davita**
niederländische Form von Davida

**Dayle**
andere Form von Dale

**Deda**
friesische Kurzform von Vornamen, die mit »Diet-« (Volk) zusammengesetzt sind

**Dedda**
friesische Kurzform von Vornamen, die mit »Diet-« (Volk) zusammengesetzt sind

**Deert**
friesische weibliche Form von Diethard

**Deetje**
niederdeutsch-friesische Form von Dieta

**Deike**
friesische Kurzform von Vornamen, die mit »Diet-« (Volk) zusammengesetzt sind

**Delan**
schwedische Kurzform von Adela

**Demeke**
niederdeutsche Form von Dietmut

**Deta**
niederdeutsche Form von Dieta

**Detta**
andere Form von Deta

**Dette**
niederdeutsche Form von Dieta

**Deuten**
niederländische Kurzform von Dorothea

**Didda**
friesische Kurzform von Vornamen, die mit »Diet-« (Volk) zusammengesetzt sind

**Dieka**
friesische Kurzform von Vornamen, die mit »Diet-« (Volk) zusammengesetzt sind

**Diekea**
friesische Kurzform von Vornamen, die mit »Diet-« (Volk) zusammengesetzt sind

**Dieta**
Kurzform von Vornamen, die mit »Diet-« (Volk) zusammengesetzt sind

**Dietberga**
*aus dem Althochdeutschen:* Volk und Schutz, Zuflucht

**Dietke**
niederdeutsch-friesische Kurzform von Vornamen, die mit »Diet-« (Volk) zusammengesetzt sind

**Dietmut**
*aus dem Althochdeutschen:* Volk und Sinn, Geist

**Ditte**
friesische und dänische Kurzform von Vornamen, die mit »Diet-« (Volk) zusammengesetzt sind

**Doorke**
niederdeutsche und niederländische Koseform von Dorothea

**Doortje**
niederdeutsche und niederländische Koseform von Dorothea

**Doortjen**
niederdeutsche und niederländische Koseform von Dorothea

**Dorde**
dänische Koseform von Dorothea

**Dorete**
dänische Koseform von Dorothea

**Dorke**
niederdeutsche Koseform von Dorothea

**Dorken**
niederdeutsche Koseform von Dorothea

**Dorothea**
*griechisch:* Geschenk Gottes

**Dorte**
niederdeutsche und dänische Koseform von Dorothea

**Dörte**
niederdeutsche und dänische Koseform von Dorothea

**Dortje**
Nebenform von Doortje; oder friesische Form von Dagmar

**Dotta**
schwedische Koseform von Dorothea

**Dragomira**
weibliche Form von Dragomir

**Dufina**
friesische Koseform zu niederländisch »duif« = Taube

**Dufke**
friesische Koseform zu niederländisch »duif« = Taube

**Duifke**
friesische Koseform zu niederländisch »duif« = Taube

**Duive**
friesische Koseform zu niederländisch »duif« = Taube

**Duva**
friesische Koseform zu niederländisch »duif« = Taube

**Düveke**
friesische Koseform zu niederländisch »duif« = Taube

**Duyve**
friesische Koseform zu niederländisch »duif« = Taube

**Dyveke**
friesische Koseform zu niederländisch »duif« = Taube

# E

**Ebba**
schwedische Kurzform von Vornamen, die mit »Eber-« (Eber) zusammengesetzt sind

**Eda**
schwedische Kurzform von Edwardina oder Edda; auch *altenglisch:* Reichtum, Segen

**Edda**
Kurzform von Vornamen, die mit »Ed-« (edel, vornehm) zusammengesetzt sind

**Edeltraud**
*aus dem Althochdeutschen:* edel und vertraut, lieb

**Edla**
nordische Kurzform von Vornamen, die mit »Adal-« oder »Edel-« (edel, vornehm) zusammengesetzt sind

**Edwardina**
auch Edwardine; weibliche Formen von Edward

**Ehmi**
weibliche Form von Ehm

**Eika**
eindeutig weibliche Form von Eike

**Eike**
Kurzform von Vornamen, die mit »Ecke-« oder »Eg-« (Schneide, Schwert) zusammengesetzt sind; auch als männlicher Vorname!

**Eila**
norwegische Kurzform von Eilen

**Eilen**
norwegische Form von Helene

**Eilika**
weibliche Form von Eiliko

**Eilkea**
friesische und niederländische Form von Adelheid

**Eina**
schwedische weibliche Form von Einar

**Eirene**
*altnordisch:* Friede

**Eldrid**
altnordische Form von altenglisch »Aetheldryth« (entspricht Edeltraud)

**Eleonore**
auch Elenor, Eleonora; *arabisch:* Gott ist mein Licht

**Elfriede**
*aus dem Althochdeutschen:* edel, vornehm oder Elfe, Naturgeist und Friede

**Elga**
nordische Form von Helga

**Elgin**
andere Form von Elga

**Elgine**
andere Form von Elga

**Elida**
*nordisch:* das schnell segelnde Schiff

**Elik**
niederdeutsch-friesische Nebenform von Elke

**Elin**
dänische und schwedische

Form von Helene; oder *walisisch:* Engel; oder Nymphe

**Elina**
dänische und schwedische Form von Helene; oder *walisisch:* Engel; oder Nymphe

**Eline**
dänische und schwedische Form von Helene; oder *walisisch:* Engel; oder Nymphe

**Elisabeth**
*hebräisch:* Gott ist mein Eid

**Elka**
Nebenform von Elke

**Elke**
friesische und niederländische Form von Adelheid

**Ellegina**
friesische und niederländische Form von Vornamen, die mit »Adal-« (edel, vornehm) zusammengesetzt sind, vor allem von Adelheid

**Elleke**
friesische und niederländische Form von Vornamen, die mit »Adal-« (edel, vornehm) zusammengesetzt sind, vor allem von Adelheid

**Ellidhi**
isländische Form von Elida

**Elna**
schwedische Kurzform von Elina

**Elscha**
niederdeutsch-friesische Kurzform von Elisabeth

**Elsche**
niederdeutsch-friesische Kurzform von Elisabeth

**Else**
Kurzform von Elisabeth

**Elseke**
niederdeutsche Form von Else

**Elsike**
niederdeutsche Form von Else

**Elska**
niederdeutsche Form von Else

**Eltina**
vermutlich friesische und niederländische Form von Vornamen, die mit »Adal-« (edel, vornehm) zusammengesetzt sind

**Emerita**
*lateinisch:* die Würdige

**Ena**
schwedische Nebenform von Eina

**Erika**
weibliche Form von Erik. Der Vorname wird auch mit dem Heidekraut Erika in Verbindung gebracht

**Erlanda**
weibliche Form von Erland

**Ernestine**
weibliche Form von Ernst

**Esgerd**
*nordisch:* Ase (eine Göttin) und Schutz

**Esta**
nordische Kurzform von Estrid

**Esther**
*hebräisch:* junge Frau; oder Myrte; oder *persisch:* Stern

**Estrid**
*nordisch:* die Liebevolle; oder Ase (eine Göttin) und schön; oder nordische Nebenform von Astrid

**Etje**
niederländisch-friesische Koseform von Etta

**Etta**
nordische Koseform von Estrid; oder andere Form von Edda

**Eugenie**
auch Eugenia; weibliche Formen von Eugen

**Eulalia**
*griechisch:* die Beredte

**Eva**
*hebräisch:* Leben

**Eveke**
niederdeutsche Koseform von Eva

# F

**Falka**
*nordisch:* Falke

**Fenja**
niederdeutsch-friesische und niederländische Koseform von Vornamen, die mit »Frede-« (Friede, Schutz) zusammengesetzt sind

**Fenkea**
niederdeutsch-friesische und niederländische Koseform von Vornamen, die mit »Frede-« (Friede, Schutz) zusammengesetzt sind

**Fenna**
niederdeutsch-friesische und niederländische Koseform von Vornamen, die mit »Frede-« (Friede, Schutz) zusammengesetzt sind

**Fenneke**
niederdeutsch-friesische und niederländische Koseform von Vornamen, die mit »Frede-« (Friede, Schutz) zusammengesetzt sind

**Fieke**
friesische Koseform von Sophia oder Viktoria

**Fiene**
niederdeutsche Kurzform von Josephine

**Finne**
weibliche Form von Finn; oder Kurzform von Josephine

**Finni**
weibliche Form von Finn; oder Kurzform von Josephiene

**Finnja**
weibliche Form von Finn

**Flora**
*lateinisch:* die Blume, die Blüte

**Floris**
englische Koseform von Flora; auch als männlicher Vorname!

**Foelkea**
Nebenform von Folkea

**Fokka**
weibliche Form von Focke

**Fokkea**
weibliche Form von Focke

**Folina**
Weiterbildung von Folkea

**Folinda**
Weiterbildung von Folkea

**Foline**
Weiterbildung von Folkea

**Folkea**
friesische Kurzform von Vornamen, die mit »Volk-« (Volk) zusammengesetzt sind, z. B. von Volkhild

**Frandsine**
dänische weibliche Form von Franz

**Franziska**
*lateinisch:* die Freie; oder die aus Franken Stammende

**Frauke**
friesische Koseform von »Frau«, eigentlich »kleines Fräulein«

**Fraukea**
friesische Koseform von »Frau«, eigentlich »kleines Fräulein«

**Fraukeline**
friesische Koseform von »Frau«, eigentlich »kleines Fräulein«

**Frauwe**
friesische Koseform von »Frau«, eigentlich »kleines Fräulein«

**Frawa**
friesische Koseform von »Frau«, eigentlich »kleines Fräulein«

**Frawe**
friesische Koseform von »Frau«, eigentlich »kleines Fräulein«

**Fredegard**
niederdeutsche Form von Friedgard

**Frederika**
Nebenform von Friederike

**Freia**
*nordisch;* Name der altnordischen Göttin Freyja, deren

Name »Herrin« oder »Herrscherin« bedeutet

**Freya**
Nebenform von Freia

**Freyja**
Nebenform von Freia

**Fricka**
niederdeutsche Kurzform von Friederike

**Fricke**
niederdeutsche Kurzform von Friederike

**Frieda**
Kurzform von Elfriede, Friederike und von anderen Vornamen, die mit »Fried-« (Friede) zusammengesetzt sind

**Friederike**
auch Friederika; weibliche Formen von Friedrich

**Friedgard**
*aus dem Althochdeutschen:* Friede und Schutz

**Frigga**
*altnordisch:* die Gattin, die Geliebte; oder schwedische Kurzform von Frederika; auch niederdeutsche Kurzform von Friederike

**Frigge**
friesische Kurzform von Friederike

**Frika**
niederdeutsche Kurzform von Friederike

**Frike**
niederdeutsche Kurzform von Friederike

**Frikka**
niederdeutsche Kurzform von Friederike

**Frikke**
niederdeutsche Kurzform von Friederike

**Fro**
*nordisch:* die Fröhliche

**Fylla**
*nordisch:* ganz, voll, nach der nordischen Fruchtbarkeitsgöttin

# G

**Gabriele**
weibliche Form von Gabriel, im Italienischen auch als männlicher Vorname!

**Garbine**
friesische Weiterbildung von Vornamen, die mit »Ger-« (Speer) zusammengesetzt sind

**Garda**
friesische Form von Gerda

**Garde**
friesische Form von Gerda

**Gardi**
friesische Form von Gerda

**Geba**
friesische Kurzform von Gebharde

**Gebba**
friesische Kurzform von Gebharde

**Gebharde**
weibliche Form von Gebhard

**Gebina**
Weiterbildung von Gebba

**Gebke**
friesische Kurzform von Gebharde

**Gedske**
dänische Koseform von Gertrud

**Geel**
friesischer Vorname, wahrscheinlich von dem althochdeutschen »geil« (von wilder Kraft, übermütig)

**Geelkea**
friesischer Vorname, wahrscheinlich von dem althochdeutschen »geil« (von wilder Kraft, übermütig)

**Geeltje**
friesischer Vorname, wahrscheinlich von dem althochdeutschen »geil« (von wilder Kraft, übermütig)

**Geerdina**
friesische Weiterbildung von Gerda

**Geerta**
niederländische Form von Gerda

**Geertje**
Koseform von Geertrui

**Geertrui**
niederländische Form von Gertrud

**Geeske**
friesische Form von Gertrud

**Gefion**
*nordisch;* Name einer nordischen Meeresgöttin; eigentlich »die Gebende«

**Geira**
*nordisch:* der Speer

**Gerda**
*nordisch:* die Schützerin; auch Kurzform von Gertrud

**Gerde**
Nebenform von Gerda

**Gerdi**
Nebenform von Gerda

**Gerdis**
schwedischer Vorname, zu dem althochdeutschen »Ger« (Speer) und altnordisch »dis« (Göttin)

**Gerharde**
weibliche Form von Gerhard

**Germina**
niederländische weibliche Form von German; auch russische Form von Hermine

**Gerrit**
friesische Form von Gerharde; auch als männlicher Vorname!

**Gerritdina**
Weiterbildung von Gerrit

**Gerritje**
Weiterbildung von Gerrit

**Gersemi**
*dänisch:* Kostbarkeiten, Schätze; Gersemi ist die Tochter der Fruchtbarkeitsgöttin Freia

**Gerta**
friesische Form von Gerda; auch Kurzform von Gertrud

**Gerte**
Nebenform von Gerda

**Gertje**
niederdeutsch-friesische Koseform von Gerharde oder Gertrud

**Gertke**
niederdeutsch-friesische Koseform von Gerharde oder Gertrud

**Gertrud**
auch Gertraud, Gertrudis; *aus dem Althochdeutschen:* Speer und Stärke

**Gesa**
friesische Form von Gertrud oder anderen Vornamen, die mit »Ger-« (Speer) zusammengesetzt sind

**Gesche**
friesische Form von Gertrud oder anderen Vornamen, die mit »Ger-« (Speer) zusammengesetzt sind

**Gese**
friesische Form von Gertrud oder anderen Vornamen, die mit »Ger-« (Speer) zusammengesetzt sind

**Gesina**
friesische Form von Gertrud

**Gesine**
friesische Form von Gertrud

**Geska**
friesische Form von Gertrud oder anderen Vornamen, die mit »Ger-« (Speer) zusammengesetzt sind

**Geske**
friesische Form von Gertrud oder anderen Vornamen, die mit »Ger-« (Speer) zusammengesetzt sind

**Gieseke**
niederdeutsche Koseform von Vornamen, die mit »Gis-« (Geisel, aus edlem Geschlecht) zusammengesetzt sind

**Gifion**
nordischer Vorname; eigentlich der Name einer altnordischen Meeresgöttin

**Gilla**
schwedische Kurzform von Gisela

**Gisela**
*germanisch:* Spross; oder *aus dem Althochdeutschen:* Geisel, aus edlem Geschlecht

**Gladys**
englischer Vorname irischer Herkunft; vielleicht von Claudia

**Gleda**
*isländisch:* die Freude bringende; auch englische Nebenform von Gladys

**Golda**
*jiddisch:* die Goldene

**Gölin**
*schwedisch;* Bedeutung ungeklärt

**Göta**
schwedische Kurzform von Vornamen, die mit »Göt-« (entspricht dem althochdeutschen »Got-« = Gott) zusammengesetzt sind

**Gotje**
friesische Kurzform von Vornamen, die mit »Got-« (Gott) zusammengesetzt sind

**Gouda**
*niederländisch;* entspricht vermutlich Golda

**Gracia**
niederländische und spanische Form von Gratia

**Gratia**
*lateinisch:* die Anmutige

**Greet**
niederländische und niederdeutsche Form von Margarethe

**Greetje**
niederländische und niederdeutsche Form von Margarethe

**Greta**
schwedische Kurzform von Margarethe, Margareta

**Gretske**
niederländische Kurz- und Koseform von Margarethe

**Griet**
niederländisch-friesische Kurzform von Margarethe

**Grit**
niederländische und schwedische Kurzform von Margarethe

**Gro**
*nordisch:* es möge wachsen; oder *keltisch:* Frau

**Gry**
*nordisch:* Tagesanbruch

**Guldborg**
*nordisch:* Gott und Burg, Schutz

**Gull**
*schwedisch:* Gott

**Gullbrith**
nordischer Doppelname, zusammengesetzt aus Gull und Britta

**Gullvig**
*nordisch:* Gott und Kampf

**Gun**
nordische Kurzform von Vornamen, die mit »Gun-« (Kampf) zusammengesetzt sind

**Gundborg**
*nordisch:* Kampf und Burg, Schutz

**Gunbritt**
schwedischer Doppelname, zusammengesetzt aus Gun und Britta

**Gunhild**
*nordisch:* Kampf und Kampf

**Gunhilde**
*nordisch:* Kampf und Kampf

**Gunild**
*nordisch:* Kampf und Kampf

**Gunilde**
*nordisch:* Kampf und Kampf

**Gunilla**
*nordisch:* Kampf und Kampf

**Gunn**
Nebenform von Gun

**Gunva**
*nordisch:* Kampf, Streit; oder die Vorsichtige

**Gunver**
dänische Form von Gunva

**Guri**
Nebenform von Gyrild

**Gy**
nordische Kurzform: Göttin; oder die Schöne

**Gya**
schwedische Form von Gy

**Gylla**
Koseform von Gy

**Gyrild**
*nordisch:* Göttin und schön

**Gyrit**
Nebenform von Gyrild

**Gyta**
Koseform von Gy

# H

**Hadmut**
*aus dem Althochdeutschen:* Kampf und Mut, Gesinnung

**Hadumod**
niederdeutsche Form von Hadmut

**Haldis**
*schwedisch:* Fels, Stein und Göttin

**Halla**
*nordisch:* Fels, Stein; oder Klippe

**Hallgerd**
*schwedisch:* Fels, Stein und Hort, Schutz

**Haralda**
weibliche Form von Harald

**Haraldine**
weibliche Form von Harald

**Harda**
*nordisch:* die Harfe

**Harmkea**
friesische Form von Hermanna

**Hathumod**
Nebenform von Hadumod

**Hathumoda**
Nebenform von Hadumod

**Hauke**
friesische Kurzform von Vornamen, die mit »Hug-« (Sinn, Geist, Verstand) zusammengesetzt sind; auch als männlicher Vorname!

**Haukea**
friesische Kurzform von Vornamen, die mit »Hug-« (Sinn, Geist, Verstand) zusammengesetzt sind

**Hedda**
nordische Kurzform von Hedwig

**Hedevig**
norwegische und schwedische Form von Hedwig

**Hedwig**
auch Hadwig; *aus dem Althochdeutschen:* Streit und Kampf

**Hedwiges**
niederländische Form von Hedwig

**Heide**
Kurzform von Adelheid

**Heidina**
friesische Weiterbildung von Heide

**Heidje**
friesische Koseform von Heide

**Heike**
niederdeutsche Koseform von Heinrike

**Heilgard**
*aus dem Althochdeutschen:* gesund und Schutz

**Heilke**
friesische Kurzform von Vornamen, die mit »Heil-« (gesund) zusammengesetzt sind

**Heimke**
niederdeutsch-friesische Kurzform von Vornamen, die mit »Heim-« (Heimat, Wohnung) zusammengesetzt sind

**Heinrike**
weibliche Form von Heinrich

**Helene**
auch Helena; *griechisch:* die Leuchtende, die Strahlende

**Helga**
*nordisch:* gesund, heil, unversehrt

**Helgard**
nordische Form von Heilgard

**Helge**
Nebenform von Helga; auch als männlicher Vorname!

**Helke**
niederdeutsch-friesische Kurzform von Vornamen, die mit »Heil-« (gesund) zusammengesetzt sind

**Hella**
auch Helle; Koseformen von Helga

**Hellith**
niederländische Form von Helene

**Helmke**
niederdeutsche Koseform von Vornamen, die mit »Helm-« (Helm) zusammengesetzt sind; auch als männlicher Vorname!

**Helvi**
finnische Form von Hedwig

**Helvig**
*nordisch:* Glück und Kampf, Streit

**Hendrica**
weibliche Form von Hendrik

**Hendricje**
Koseform von Hendrica

**Hendrika**
weibliche Form von Hendrik

**Hendrikje**
Koseform von Hendrika

**Henni**
Koseform von Henrike

**Henny**
Koseform von Henrike

**Henrika**
weibliche Form von Henrik

**Henrike**
weibliche Form von Henrik

**Herdi**
friesische Kurzform von Vornamen, die mit »Her-« (Heer) oder »Hart-«, »-hart« (hart, stark, kühn) zusammengesetzt sind

**Herdis**
*nordisch; ursprünglich aus dem Isländischen:* Heer und Schutzgöttin; oder friesische Kurzform von Vornamen, die mit »Her-« (Heer) oder »Hart-«, »-hart« (hart, stark, kühn) zusammengesetzt sind

**Hermanna**
weibliche Form von Hermann

**Hermine**
weibliche Form von Hermann

**Hermke**
niederdeutsch-friesische Koseform von Hermanna oder Hermine

**Hermtje**
niederländische Form von Hermine

**Hester**
niederländische und englische Form von Esther

**Hidda**
friesische Kurzform von Vornamen, die mit »Hild-« (Kampf) zusammengesetzt sind, vor allem von Hildegard

**Hiddine**
erweiterte friesische Kurzform von Vornamen, die mit »Hild-« (Kampf) zusammengesetzt sind, z. B. von Hildegard

**Hilborg**
*nordisch:* Kampf und Burg, Schutz

**Hildegard**
*aus dem Althochdeutschen:* Kampf und Schutz

**Hildur**
*nordisch:* Kampf

**Hilka**
friesische Kurzform von Vornamen, die mit »Hild-« (Kampf) zusammengesetzt sind, vor allem von Hildegard

**Hilkea**
friesische Kurzform von Vornamen, die mit »Hild-« (Kampf) zusammengesetzt sind, vor allem von Hildegard

**Hilkina**
erweiterte friesische Kurzform von Vornamen, die mit »Hild-« (Kampf) zusammengesetzt sind, z. B. von Hildegard

**Hilla**
friesische Kurzform von Vornamen, die mit »Hild-« (Kampf) zusammengesetzt sind, vor allem von Hildegard

**Hilleke**
niederdeutsch-friesische Koseform von Hilka

**Hiska**
vermutlich friesische Kurzform von Vornamen, die mit »Hild-« (Kampf) zusammengesetzt sind

**Hiskea**
vermutlich friesische Kurzform von Vornamen, die mit »Hild-« (Kampf) zusammengesetzt sind

**Hissa**
vermutlich friesische Kurzform von Vornamen, die mit »Hild-« (Kampf) zusammengesetzt sind

**Hjördis**
*altnordisch:* Schwert und Göttin; oder isländische Form von Herdis

**Hlif**
isländische Form von Liv

**Holga**
weibliche Form von Holger

**Holma**
weibliche Form von Holm

**Hulda**
*aus dem Althochdeutschen:* guter weiblicher Geist

**Hyben**
*dänisch:* Frucht

# I

**Ida**
Kurzform von nicht mehr gebräuchlichen Vornamen, die mit »Ida-« und »Idu-« zusammengesetzt sind, vor allem von Iduberga (Iduberga ist Schutzpatronin der Schwangeren); Bedeutung unklar, vielleicht *aus dem Althochdeutschen:* Seherin, weise Frau

**Idita**
Nebenform von Jutta

**Iduna**
*nordisch;* Name der altnordischen Göttin der Jugend; zu altnordisch »idhunn« = Verjüngung

**Ihnkea**
friesischer Vorname, vielleicht Koseform von Ida

**Ika**
friesische Kurzform von heute nicht mehr erschließbaren Vornamen

**Iken**
friesische Kurzform von heute nicht mehr erschließbaren Vornamen; auch niederländische Form von Ida

**Iliane**
schwedische und flämische Form von Juliane

**Imka**
friesische Kurz- und Koseform von Vornamen, die mit »Irm-« (groß) zusammengesetzt sind, vor allem von Irmgard

**Imke**
friesische Kurz- und Koseform von Vornamen, die mit »Irm-« (groß) zusammengesetzt sind, vor allem von Irmgard

**Imkea**
friesische Kurz- und Koseform von Vornamen, die mit »Irm-« (groß) zusammengesetzt sind, vor allem von Irmgard

**Imma**
friesische Kurz- und Koseform von Vornamen, die mit »Irm-« (groß) zusammengesetzt sind, vor allem von Irmgard

**Immi**
friesische Kurz- und Koseform von Vornamen, die mit »Irm-« (groß) zusammengesetzt sind, vor allem von Irmgard

**Ina**
Kurzform von Vornamen, die auf »-ina« enden

**Ineke**
niederdeutsch-friesische und niederländische Koseform von Ina

**Inga**
schwedische Kurzform von Vornamen, die mit »Ing-« (auf

den germanischen Stammesgott Ingwio bezogen) zusammengesetzt sind

**Ingalil**
Koseform von Inga

**Ingalisa**
schwedischer Doppelname; zusammengesetzt aus Inga und Lisa, einer Kurzform von Elisabeth

**Ingard**
nordisch, aus dem althochdeutschen »Ingwio« (germanischer Stammesgott) und Hof, Garten oder Schutz

**Ingbritt**
schwedischer Doppelname, zusammengesetzt aus Inge und Britta

**Inge**
Kurzform von Vornamen, die mit »Ing-« (auf den germanischen Stammesgott Ingwio bezogen) zusammengesetzt sind, vor allem von Ingeborg

**Ingeborg**
nordischer Vorname, aus dem germanischen »Ingwio« (germanischer Stammesgott) und dem althochdeutschen »bergan« (schützen)

**Ingebrit**
schwedischer Doppelname, zusammengesetzt aus Inge und Britta

**Ingebritt**
schwedischer Doppelname; siehe Ingebrit

**Ingelis**
nordischer Doppelname, zusammengesetzt aus Inge und Lise, einer Kurzform von Elisabeth

**Ingelise**
nordischer Doppelname, zusammengesetzt aus Inge und Lise, einer Kurzform von Elisabeth

**Ingemaren**
nordischer Doppelname, zusammengesetzt aus Inge und Maren

**Inger**
schwedische Kurzform von Ingerid; oder Nebenform von Inga

**Ingerbeth**
nordischer Doppelname, zusammengesetzt aus Inger und Beth, einer Kurzform von Elisabeth

**Ingerid**
Nebenform von Ingrid

**Ingerlil**
Koseform von Inger

**Ingrid**
nordischer Vorname; *aus dem Altnordischen:* Ingwio (germanischer Stammesgott) und schön oder Reiterin

**Ingse**
Koseform von Ingrid

**Inia**
Koseform von Inge

**Inka**
nordfriesische Kurzform von Vornamen, die mit »Ing-« (auf den germanischen Stammesgott Ingwio bezogen) zusammengesetzt sind, vor allem von Ingeborg

**Inkea**
nordfriesische Kurzform von Vornamen, die mit »Ing-« (auf den germanischen Stammesgott Ingwio bezogen) zusammengesetzt sind, vor allem von Ingeborg

**Inken**
nordfriesische Kurzform von Vornamen, die mit »Ing-« (auf den germanischen Stammesgott Ingwio bezogen) zusammengesetzt sind, vor allem von Ingeborg

**Insa**
friesische Kurzform von Vornamen, die mit »Ing-« (auf den germanischen Stammesgott Ingwio bezogen) zusammengesetzt sind

**Inska**
friesische Kurzform von Vornamen, die mit »Ing-« (auf den germanischen Stammesgott Ingwio bezogen) zusammengesetzt sind

**Inske**
friesische Kurzform von Vornamen, die mit »Ing-« (auf den germanischen Stammesgott Ingwio bezogen) zusammengesetzt sind

**Inskea**
friesische Kurzform von Vornamen, die mit »Ing-« (auf den germanischen Stammesgott Ingwio bezogen) zusammengesetzt sind

**Irmgard**
aus dem germanischen »irmin« (groß) und dem althochdeutschen »gard« (Schutz)

**Iska**
friesische Kurzform von Vornamen, die mit »Is-« (Eisen) zusammengesetzt sind

**Iskea**
friesische Kurzform von Vornamen, die mit »Is-« (Eisen) zusammengesetzt sind

**Ita**
Nebenform von Jutta

**Itta**
Nebenform von Jutta

**Ivara**
weibliche Form von Ivar

**Ivera**
weibliche Form von Ivar

# J

**Jaantje**
andere Form von Jantje

**Janeke**
friesische Koseform von Johanna

**Janna**
friesische und niederländische Koseform von Johanna

**Janne**
dänische und schwedische Koseform von Johanna

**Janneta**
friesische Umformung von Johanna oder Jeannette

**Jannick**
schweizerische Kurzform von Jeannique; Jannik ist männlicher Vorname!

**Jantje**
weibliche Form von Jan

**Jarla**
weibliche Form von Jarl

**Jarste**
friesische Kurzform von Vornamen, die mit »Ger-« (Speer) zusammengesetzt sind

**Jeanne**
französische Form von Johanna

**Jeannette**
Koseform von Jeanne

**Jeannique**
erweiterte Form von Jeanne

**Jella**
friesische Form von Gabriele

**Jelva**
Nebenform von Yelva

**Jensine**
dänische Form von Johanna

**Jerra**
friesische Kurzform von Gertrud

**Jessica**
auch Jessika; englische Vornamen hebräischer Herkunft: Gott blickt an; Jessika auch schwedische Form von Johanna

**Joan**
englische Form von Johanna; auch als männlicher Vorname!

**Johanna**
auch Joanna, Johanne; *hebräisch:* Jahwe (Gott) ist gnädig

**Joke**
friesische Kurzform von Johanna

**Jonina**
isländische und englische Form von Johanna

**Jonna**
dänische Koseform von Johanna

**Jordan**
*hebräisch:* das Herabfließende;

wahrscheinlich ursprünglich *aus dem Germanisch-Althochdeutschen:* Erde und kühn; auch als männlicher Vorname!

**Jordis**
auch Jördis, Hjördis; *altnordisch:* Schwert und Göttin

**Jorid**
*schwedisch:* schönes Pferd

**Jorina**
friesische weibliche Weiterbildung von Gregor

**Jorine**
friesische weibliche Weiterbildung von Gregor

**Jorinna**
friesische weibliche Weiterbildung von Gregor

**Jörna**
weibliche Form von Jörn

**Josepha**
auch Josefa; weibliche Formen von Joseph; *hebräisch:* Jahwe (Gott) schenke Vermehrung

**Josephine**
auch Josephina, Josefine; erweiterte Formen von Josepha

**Josina**
niederländische und friesische Form von Josephine

**Judith**
auch Juditha; *hebräisch:* die Bekennerin, die Gepriesene, Jüdin

**Julia**
*lateinisch:* die aus dem Geschlecht der Julier

**Juliane**
auch Juliana; erweiterte Formen von Julia

**Julla**
schwedische Koseform von Julia

**Juta**
Nebenform von Jutta

**Juthe**
Nebenform von Jutta

**Jutta**
altnordischer Vorname zu den althochdeutschen Namen Jiute, Jut, Jot (die Jütin, aus dem Volk der Jüten); oder Kurzform von Judith

**Jutte**
Nebenform von Jutta

**Jütte**
Nebenform von Jutta

**Jytte**
dänische Form von Judith oder Jutta

# K

**Kaarina**
finnische Form von Katharina

**Kai**
auch Kay; vermutlich keltischer Herkunft; Bedeutung unklar; oder *hawaiisch:* Meer; auch als männliche Vornamen!

**Kaisa**
schwedische Koseform von Karin

**Kaj**
*dänisch;* Herkunft und Bedeutung unklar; vielleicht aus dem Nordischen übernommene Kurzform von Katharina; oder aus dem althochdeutschen »kamph« = Kampf, Streit; auch als männlicher Vorname!

**Kaja**
schwedische Kurzform von Kajsa; auch friesische Kurzform von Katharina

**Kajsa**
finnische und schwedische Koseform von Karin

**Kamma**
dänische Zusammenziehung aus Karen und Margarethe

**Karel**
Neubildung aus Karoline und Elisabeth; auch als männlicher Vorname!

**Karen**
auch Caren; dänische und schwedische Formen von Karin

**Karenlise**
dänischer Doppelname, zusammengesetzt aus Karen und Lise, einer Kurzform von Elisabeth

**Kari**
norwegische und schwedische Koseform von Katharina; auch *amerikanisch:* kleines Fräulein

**Karianne**
niederländische Zusammensetzung aus Katharina und Johanna

**Karin**
nordische Kurzform von Katharina

**Karla**
auch Carla; *aus dem Althochdeutschen:* die Freie

**Karna**
dänische Form von Katharina

**Karola**
auch Carola, Karolina, Karolin; erweiterte Formen von Karla, Carla

**Karolin**
erweiterte Form von Karola

**Karoline**
erweiterte Form von Karola

**Karsta**
niederdeutsche Form von Krista

**Karstine**
weibliche Form von Karsten

**Katharina**
auch Katharine, Kathrin, Kathrein; *griechisch:* die Reine

**Kathrina**
schwedische Koseform von Katharina

**Katrijn**
niederländische Form von Katharina

**Kea**
ostfriesische Kurzform von Vornamen, die mit »-kea« zusammengesetzt sind

**Kelda**
*altnordisch:* Quelle

**Keren**
Nebenform von Karen

**Kersta**
schwedische Form von Kerstin

**Kersti**
Nebenform von Kerstin

**Kerstin**
schwedische Nebenform von Kristin

**Kerstina**
schwedische Nebenform von Kristin

**Kerstine**
schwedische Nebenform von Kristin

**Kickan**
schwedische Koseform von Christina

**Kim**
englischer und amerikanischer Fantasiename; Bedeutung unklar; auch als männlicher Vorname!

**Kirby**
angloamerikanischer Vorname altnordischer Herkunft: die vom Kirchendorf; auch als männlicher Vorname!

**Kirsten**
auch Kirstin, Kirstina, Kirstine, Kirstien, Kirston, Kirstyn; dänische und schwedische Formen von Christine

**Kirsti**
dänische und schwedische Kurzform von Christine

**Kis**
dänische Koseform von Christine

**Kjersten**
dänische Form von Christine

**Kjersti**
dänische Form von Christine

**Kjerstin**
dänische Form von Christine

**Kjerstine**
dänische Form von Christine

**Klara**
*lateinisch:* laut, hell, leuchtend

**Klasina**
weibliche Form von Klaas

**Klasine**
weibliche Form von Klaas

**Kolina**
schwedische Kurzform von Katharina

**Konne**
niederdeutsche Form von Kunigunde

**Kraka**
*nordisch:* Krähe

**Krista**
nordische Form von Christa

**Kristiana**
nordische Form von Christiane

**Kristiane**
nordische Form von Christiane

**Kristin**
nordische Form von Christine

**Kristina**
nordische Form von Christine

**Kristine**
nordische Form von Christine

**Kunigunde**
*aus dem Althochdeutschen:* Sippe und Kampf

# L

**Laila**
*finnisch-lappländisch;* umgebildet aus Aila

**Lale**
dänischer Vorname; aus der Kindersprache übernommene Lallform; auch nordische Kurzform von Laura oder Eulalia

**Larsina**
weibliche Form von Lars und norwegische Form von Laurentia

**Larsine**
weibliche Form von Lars und norwegische Form von Laurentia

**Laura**
Kurzform und italienische, englische und spanische Form von Laurentia

**Laureina**
niederländische Form von Laurentia

**Laurense**
norwegische Form von Laurentia

**Laurentia**
auch Laurenzia; *lateinisch:* die aus (der Stadt) Laurentium Stammende; auch als »die Lorbeergeschmückte« gedeutet

**Lauri**
auch Laurie; englische Koseformen von Laura; auch als männliche Vornamen!

**Laurine**
norwegische Form von Laurentia

**Leena**
schwedische Form von Helene

**Lelia**
niederländischer Vorname, zu dem lateinischen »lilium« = Lilie

**Lenke**
niederdeutsche Koseform von Helene oder Magdalena

**Lida**
friesische und niederländische Form von Adelheid

**Lidewei**
niederländische Form von Lidwina

**Lidwina**
*aus dem Althochdeutschen:* Volk und Freund

**Lif**
andere Form von Liv

**Liff**
andere Form von Liv

**Lil**
*schwedisch:* die Kleine

**Lilia**
Nebenform von Lilja

**Lilja**
*schwedisch:* Lilie

**Lina**
Kurzform von Vornamen, die auf »-lina« enden

**Lining**
niederdeutsche Form von Lina

**Lise**
Kurzform und dänische und französische Form von Elisabeth

**Liska**
schwedische Kurzform von Elisabeth

**Lita**
niederländische Kurzform von Vornamen, die mit »Luit-« (Volk) zusammengesetzt sind

**Lite**
niederländische Kurzform von Vornamen, die mit »Luit-« (Volk) zusammengesetzt sind

**Liten**
*schwedisch:* die Kleine

**Litten**
*schwedisch:* die Kleine

**Liv**
*nordisch:* Wehr, Schutz; häufig assoziiert mit liv = Leben; auch englische Koseform von Olivia

**Lona**
schwedische Kurzform von Magdelone

**Lone**
dänische Kurzform von Magdelone

**Lotta**
schwedische Kurzform von Charlotte

**Louise**
auch Louisa; weibliche Formen von Louis

**Lova**
schwedische Koseform von Louisa

**Lowisa**
niederdeutsche und schwedische Form von Louise

**Lowise**
niederdeutsche und schwedische Form von Louise

**Lya**
*schwedisch:* Schutz

**Lykka**
*schwedisch:* Glück

**Lykke**
*schwedisch:* Glück

# M

**Maaike**
niederländische Form von Maria

**Madel**
norwegische Form von Magdalena

**Madsine**
weibliche Form von Mads

**Magdalena**
auch Magdalene; *hebräisch:* die aus Magdala Stammende

**Magdelone**
dänisch-norwegische Form von Magelone

**Magelone**
französischer literarischer Name aus dem 16. Jahrhundert; Nebenform von Magdalena

**Magli**
norwegische Form von Magdalena

**Magna**
weibliche Form von Magnus; auch Nebenform von Magnhild

**Magnhild**
nordische Form von Mathilde

**Mai**
*nordisch:* Mai; oder schwedische Koseform von Maria

**Mai-Britt**
auch Maj-Britt; nordischer Doppelname, zusammengesetzt aus Maj und Britta

**Maika**
friesische Koseform von Maria

**Maike**
friesische Koseform von Maria

**Maiken**
friesische Koseform von Maria

**Maj**
nordische Kurzform von Maria oder Margarethe

**Maja**
auch Maya; *aus dem Lateinischen;* Name einer römischen Göttin; auch schwedische Koseform von Maria

**Majken**
schwedische Kurz- und Koseform von Maria

**Maleen**
nordische Kurzform von Magdalena

**Malen**
nordische Kurzform von Magdalena

**Malena**
nordische Kurzform von Magdalena

**Malene**
nordische Kurzform von Magdalena

**Malin**
schwedische Form von Magdalena

**Manja**
schwedische und slawische Koseform von Maria

**Marchen**
niederländische Koseform von Maria

**Mare**
nordische Form von Maria

**Mareen**
Nebenform von Marina

**Maren**
dänische Form von Maria oder Marina; friesische Koseform von Maria

**Marene**
dänische Form von Maria

**Margaret**
niederländische und englische Form von Margarethe

**Margarethe**
auch Margareta; *hebräisch:* die Perle

**Margit**
auch Margitta; schwedische, ungarische und rätoromanische Formen von Margarethe

**Margriet**
niederländische Form von Margarethe

**Maria**
Vorname hebräischer Herkunft, Bedeutung unklar; wahrscheinlich von dem hebräischen »mirjam« = Bitterkeit; oder widerspenstig; auch als männlicher Zweitvorname!

**Mariamne**
Bedeutung unklar; wahrscheinlich von dem hebräischen »mirjam« = Bitterkeit; oder widerspenstig; vielleicht *aus dem Ägyptischen:* die von dem Gott Amon Geliebte

**Mariana**
dänische Form von Marianne

**Marianne**
auch Marianna; alter französischer Vorname; wahrscheinlich von Mariamne; später als Zusammensetzung aus Maria und Anne gedeutet

**Marieke**
niederländische Koseform von Maria

**Marijke**
niederländische Koseform von Maria

**Marika**
schwedische und ungarische Form von Maria

**Marike**
niederländische Koseform von Maria

**Marina**
italienische erweiterte Form von Maria; oder weibliche Form von Marinus

**Maris**
niederländische Koseform von Maria

**Marisa**
niederländische, schweizerische, italienische Form von Maria

**Marise**
niederländische, italienische und schweizerische Koseform von Maria

**Marit**
schwedische Kurz- und Koseform von Margarethe

**Marja**
schwedische und slawische Nebenform von Maria

**Marken**
niederländische Form von Maria

**Marketta**
finnische Form von Margarethe

**Marret**
nordfriesische Kurzform von Margarethe

**Martha**
aus der Bibel übernommener Vorname hebräischer Herkunft: bitter, betrübt; oder Herrin

**Martje**
friesische Form von Martha

**Maryse**
niederländische Koseform von Maria

**Mathilde**
auch Mathilda; *aus dem Althochdeutschen:* Macht, Stärke und Kampf

**Maybritt**
andere Form von Mai-Britt

**Mechthild**
*aus dem Althochdeutschen:* Macht und Kampf

**Mecka**
schwedische Koseform von Maria

**Meckea**
friesische Kurzform von Vornamen, die mit »Mein-« (Macht, Kraft) zusammengesetzt sind

**Meeri**
finnische Form von Maria

**Meika**
friesische Koseform von Maria; oder friesische Kurzform von Vornamen, die mit

»Mein-« (Macht, Kraft) zusammengesetzt sind

**Meike**
friesische Koseform von Maria; oder friesische Kurzform von Vornamen, die mit »Mein-« (Macht, Kraft) zusammengesetzt sind

**Meina**
ostfriesische Kurzform von Vornamen, die mit »Mein-« (Macht, Kraft) zusammengesetzt sind

**Melse**
friesische Form von Melusine

**Melsene**
friesische Form von Melusine

**Melusine**
von dem gotischen »Amalaswintha« (Name einer Meerjungfrau aus einer französischen Sage aus dem 14. Jahrhundert)

**Memkea**
friesische Kurzform von Vornamen, die mit »Mein-« (Macht, Kraft) zusammengesetzt sind

**Mensje**
friesische Kurzform von Vornamen, die mit »Mein-« (Macht, Kraft) zusammengesetzt sind

**Meste**
friesische Kurzform von Vornamen, die mit »Mein-« (Macht, Kraft) zusammengesetzt sind

**Mereta**
schwedische Kurzform von Margarethe

**Merete**
dänische Kurzform von Margarethe

**Meri**
finnische Form von Maria

**Merita**
schwedische Kurzform von Emerita oder Margarethe

**Merret**
nordfriesische Form von Margarethe

**Metta**
niederdeutsche Kurz- und Koseform von Mechthild

**Mia**
dänische und schwedische Koseform von Maria

**Michaela**
*hebräisch:* Wer ist wie Gott?

**Mie**
dänische Koseform von Maria

**Mieke**
niederdeutsche Kurz- und Koseform von Maria

**Mikaela**
nordische Form von Michaela

**Mikala**
dänische Form von Michaela

**Mineke**
niederdeutsche und niederländische Koseform von Hermine oder Wilhelmine

**Miranda**
englischer Vorname lateinischer Herkunft: die Wunderbare, Bewundernswerte

**Mirja**
finnische Form von Maria

**Moike**
friesische Kurzform von Vornamen, die mit »-mut« (Sinn, Geist) zusammengesetzt sind

**Moiken**
friesische Kurzform von Vornamen, die mit »-mut« (Sinn, Geist) zusammengesetzt sind

**Monica**
niederländische, englische und italienische Form von Monika

**Monika**
*lateinisch-griechisch:* die Einzige

# N

**Nadina**
erweiterte Form von Nadja; oder niederländische, englische und französische Form von Nadjeschda

**Nadine**
erweiterte Form von Nadja; oder niederländische, englische und französische Form von Nadjeschda

**Nadja**
auch Nadia; russische Kurz- und Koseformen von Nadjeschda

**Nadjeschda**
*russisch:* Hoffnung

**Naja**
*grönländisch:* kleine Schwester

**Nanna**
Koseform von Amanda, Anna oder Johanna; auch nordischer Vorname; Name der Frau des Gottes Baldr

**Nantje**
friesische Kurzform von Vornamen, die mit »Nant-« (wagemutig) zusammengesetzt sind; auch als männlicher Vorname!

**Neela**
friesische Koseform von Cornelia

**Neele**
friesische Koseform von Cornelia

**Neelke**
friesische Koseform von Cornelia

**Neeltje**
friesische Koseform von

Cornelia; auch als männlicher Vorname!

**Nele**
friesische Koseform von Cornelia

**Neta**
schwedische und dänische Kurz- und Koseform von Agnes, Annette, Antoinette oder Jeannette

**Nete**
schwedische und dänische Kurz- und Koseform von Agnes, Annette, Antoinette oder Jeannette

**Netta**
schwedische und dänische Kurz- und Koseform von Agnes, Annette, Antoinette oder Jeannette

**Nette**
schwedische und dänische Kurz- und Koseform von Agnes, Annette, Antoinette oder Jeannette

**Nielsine**
weibliche Form von Niels

**Nile**
Koseform von Pernille

**Nilla**
Koseform von Pernilla

**Nilsine**
weibliche Form von Nils

**Nita**
schwedische und dänische Kurzform von Anita und anderen Vornamen, die mit »-ita« zusammengesetzt sind

**Nona**
schwedischer und englischer Vorname lateinischer Herkunft: die Neunte

**Nonna**
schwedische Kurzform von Eleonora oder Yvonne

**Nonneke**
weibliche Form von Nonne

# O

**Obba**
weibliche Form von Obbo

**Oda**
Kurzform von Vornamen, die mit »Ot-« (Besitz, Erbgut) zusammengesetzt sind

**Odina**
weibliche Form von Odin; oder Nebenform von Oda

**Odine**
weibliche Form von Odin; oder Nebenform von Oda

**Okka**
friesische Kurz- und Koseform von Vornamen, die mit »Ot-« (Besitz, Erbgut) zusammengesetzt sind

**Olina**
weibliche Form von Olaus

**Oline**
weibliche Form von Olaus

**Olivia**
*lateinisch:* der Ölbaum

**Olofa**
weibliche Form von Olof

**Olova**
weibliche Form von Olof

**Oluffa**
weibliche Form von Oluf

**Olufine**
weibliche Form von Oluf

**Oluva**
weibliche Form von Oluf

**Onna**
weibliche Form von Onno

**Orsel**
niederländische Form von Ursula

**Ova**
weibliche Form von Ove; oder englischer Vorname, zum lateinischen »ovum« (Ei)

**Ovine**
weibliche Form von Ove

# P

**Palmania**
*lateinisch:* flache Hand; oder Palme

**Peekje**
friesische Koseform von Petra

**Peetje**
niederländische Koseform von Petra

**Pelmeke**
niederdeutsche Form von Palmania

**Penille**
andere Form von Pernilla

**Pernelle**
andere Form von Pernilla

**Pernilla**
schwedisch-dänische Form von Petronella

**Pernille**
andere Form von Pernilla

**Peterke**
friesische Koseform von Petra

**Petke**
friesische Koseform von Petra

**Petra**
weibliche Form von Petrus

**Petronella**
auch Petronelle; italienische Koseformen von Petronia

**Petronia**
weibliche Form von Petronius

**Pieke**
friesische Koseform von Petra

**Pierke**
friesische Koseform von Petra

**Pierkje**
friesische Koseform von Petra

**Piertje**
friesische Koseform von Petra

**Pieterke**
friesische Koseform von Petra

**Pietje**
friesische Koseform von Petra

**Pike**
friesische Koseform von Petra

**Pikka**
lappländische Form von Brigitte

**Pirkko**
finnische Form von Brigitte

# R

**Ragna**
nordische Kurzform von Vornamen, die mit »Ragin-« zusammengesetzt sind, z. B. Ragnhild

**Ragnhild**
nordische Form von Reinhild

**Raimunde**
weibliche Form von Raimund

**Randi**
nordische Kurzform von Ragnhild; auch englische Koseform von Miranda; auch als männlicher Vorname!

**Rantje**
friesische Kurzform von Vornamen, die mit »Rand-« (Schild, Schildrand) zusammengesetzt sind

**Ranva**
*nordisch:* schöner Rabe

**Reemde**
friesische Form von Raimunde

**Reikhild**
niederländische und friesische Form von Richhild

**Reina**
ostfriesische Kurzform von Vornamen, die mit »Rein-« (Rat, Ratschluss) zusammengesetzt sind

**Reinharda**
weibliche Form von Reinhard

**Reinhild**
auch Reinhilde; *aus dem Althochdeutschen:* Rat, Ratschluss und Kampf

**Reinka**
ostfriesische Form von Reinharda

**Reinke**
ostfriesische Kurzform von Vornamen, die mit »Rein-« (Rat, Ratschluss) zusammen-

gesetzt sind; auch als männlicher Vorname!

**Reinske**
friesische Kurzform von Vornamen, die mit »Rein-« (Rat, Ratschluss) zusammengesetzt sind; auch als männlicher Vorname!

**Reint**
friesische Kurzform von Vornamen, die mit »Rein-« (Rat, Ratschluss) zusammengesetzt sind; auch als männlicher Vorname!

**Reintje**
friesische Kurzform von Vornamen, die mit »Rein-« (Rat, Ratschluss) zusammengesetzt sind; auch als männlicher Vorname!

**Reka**
friesische Kurzform von Vornamen, die mit »Red-« (Rat, Ratgeber) zusammengesetzt sind

**Relke**
friesische Nebenform von Roelke

**Rena**
friesische Kurzform von Vornamen, die mit »Rein-« (Rat, Ratschluss) zusammengesetzt sind; oder Kurzform von Renate

**Renate**
*lateinisch:* wieder geboren

**Renka**
friesische Form von Reinharda

**Renke**
friesische Form von Reinharda; auch als männlicher Vorname!

**Rensje**
friesische Kurzform von Vornamen, die mit »Rein-« (Rat, Ratschluss) zusammengesetzt sind, auch von Renate

**Renska**
friesische Kurzform von Vornamen, die mit »Rein-« (Rat, Ratschluss) zusammengesetzt sind, auch von Renate

**Renskea**
friesische Kurzform von Vornamen, die mit »Rein-« (Rat, Ratschluss) zusammengesetzt sind, auch von Renate

**Rentje**
friesische Kurzform von Vornamen, die mit »Rein-« (Rat, Ratschluss) zusammengesetzt sind, auch von Renate

**Riborg**
Nebenform von Rigborg

**Richhild**
auch Richhilde, Richild; *aus dem Althochdeutschen:* reich, mächtig und Kampf

**Ricka**
friesische Kurzform von Vornamen, die mit »Rich-« (reich,

mächtig) zusammengesetzt sind

**Rickea**
friesische Kurzform von Vornamen, die mit »Rich-« (reich, mächtig) zusammengesetzt sind

**Ricksta**
auch Rickste; friesische Kurzformen von Vornamen, die mit »Rich-« (reich, mächtig) zusammengesetzt sind

**Rieka**
Koseform von Henrike

**Rigborg**
*nordisch:* reich, mächtig und Burg, Schutz

**Rigmor**
*nordisch:* die Mächtige, die Großmütige

**Riita**
finnische Form von Rita

**Rika**
Koseform von Henrike

**Rinke**
friesische Kurzform von Vornamen, die mit »Rein-« (Rat, Ratschluss) zusammengesetzt sind

**Rita**
italienische Kurzform von Margarethe

**Rixta**
friesische Kurzform von Vornamen, die mit »Rich-« (reich, mächtig) zusammengesetzt sind

**Roelke**
friesische Form von Rudolfa

**Roeltje**
friesische Form von Rudolfa

**Rolfka**
friesische weibliche Form von Rolf

**Rolfkea**
friesische Weiterbildung von Rolfka

**Rona**
Nebenform von Runa

**Rudolfa**
weibliche Form von Rudolf

**Runa**
eindeutig weibliche Nebenform von Rune

**Rune**
Kurzform von Vornamen, die mit »Run-« (vom althochdeutschen »runa« = Geheimnis, Zauber) zusammengesetzt sind; auch als männlicher Vorname!

**Rut**
nordische Form von Ruth

**Ruth**
*hebräisch:* Freundin, Freundschaft

**Ryxte**
Nebenform von Rickste

# S

**Saskia**
*niederländisch:* die Sächsin

**Segelke**
niederländische und friesische Form von Vornamen, die mit »Sieg-« (Sieg) zusammengesetzt sind

**Selke**
wahrscheinlich verkürzte Form von Segelke

**Senni**
finnische Form von Eugenie

**Siade**
weibliche Form von Siaard

**Sibylle**
*griechisch:* Seherin, Gottesraterin

**Sickan**
schwedische Koseform von Sigrid

**Sieke**
friesische Kurzform von Vornamen, die mit »Sieg-« (Sieg) zusammengesetzt sind

**Sierkje**
friesische Kurzform von Vornamen, die mit »Sieg-« (Sieg) zusammengesetzt sind

**Sievertje**
weibliche Fom von Sievert

**Sif**
*nordisch:* Braut; oder Ehefrau

**Siff**
Nebenform von Sif

**Sigborg**
*nordisch:* Sieg und Burg, Schutz

**Sigbrit**
*niederländisch:* Sieg und Licht, strahlend

**Sigbrith**
Nebenform von Sigbrit

**Sigbritt**
Nebenform von Sigbrit

**Sigga**
nordische Kurzform von Sigrid

**Siggan**
erweiterte Form von Sigga

**Sigge**
nordische Kurzform von Sigrid

**Signe**
nordischer Vorname; ursprünglich *aus dem Althochdeutschen:* Sieg und jung, neu; oder Kurzform von dem neueren Vornamen Signild, einer neueren Form von Siganhilt (entspricht Sieghild = Sieg und Kampf)

**Signi**
*nordisch:* Sieg und jung, neu

**Signy**
Nebenform von Signi

**Sigrid**
*aus dem Althochdeutschen:* Sieg und schön

**Sigune**
Kurzform von Vornamen, die mit »Sieg-« (Sieg) zusammengesetzt sind; oder *aus dem Altisländischen:* Sieg und Welle, Flut

**Sika**
nordische Koseform von Sigrid

**Sikka**
nordische Koseform von Sigrid

**Silja**
finnische und schwedische Form von Cäcilie

**Silje**
friesische Form von Cäcilie

**Silka**
schwedische und niederdeutsche Kurzform von Cäcilie

**Silke**
schwedische und niederdeutsche Kurzform von Cäcilie

**Silva**
schwedische und tschechische verkürzte Form von Silvia

**Silvia**
auch Sylvia; vom lateinischen »silva« = Wald

**Simke**
niederdeutsche Kurzform von Vornamen, die mit »Sieg-« (Sieg) zusammengesetzt sind; auch als männlicher Vorname!

**Sina**
Nebenform von Signe

**Sinika**
Nebenform von Sinikka

**Sinikka**
*finnisch;* von »sini« = blau

**Sinja**
Nebenform von Gesine

**Sinne**
Nebenform von Signe

**Sinnika**
Nebenform von Sinikka

**Siri**
schwedische Kurzform von Sigrid

**Sirid**
schwedische Form von Sigrid

**Sirii**
finnische Form von Sigrid

**Sirin**
Nebenform von Sirii

**Sirka**
Nebenform von Sirkka oder weibliche Form von Sirk

**Sirkka**
*finnisch:* Spross, Keimblatt

**Sisan**
schwedische Koseform von Cäcilie

**Sisel**
schwedische Koseform von Cäcilie

**Siska**
schwedische Kurzform von Franziska

**Sissa**
auch Sissi; schwedische Koseformen von Cäcilie

**Sissan**
schwedische Koseform von Cäcilie

**Sisse**
schwedische Koseform von Cäcilie

**Sissel**
schwedische Koseform von Cäcilie

**Sista**
*schwedisch:* das letzte Kind

**Siv**
auch Sif, Siw; *nordisch:* Verwandte, Braut, Ehefrau; auch Kurzformen von Elisabeth

**Solbritt**
*nordisch:* Haus, Saal; zweiter Bestandteil = Britta

**Soley**
*isländisch;* Soley ist ein Blumenname, entspricht Hahnenfuß

**Solgerd**
*nordisch:* Haus, Saal und Schutz

**Solvei**
Nebenform von Solveig

**Solveig**
*norwegisch:* Haus, Saal und Kampf

**Solvej**
Nebenform von Solveig

**Solvejg**
Nebenform von Solveig

**Solvig**
Nebenform von Solveig

**Sophia**
*griechisch:* Weisheit

**Sörina**
weibliche Form von Sören

**Sörine**
weibliche Form von Sören

**Söster**
norddeutscher Vorname, zum althochdeutschen »suestar« = Schwester

**Stina**
friesische Koseform von Christine oder Ernestine

**Stine**
friesische Koseform von Christine oder Ernestine

**Stintje**
friesische Koseform von Christine oder Ernestine

**Sula**
*isländisch:* Tölpel (großer Seevogel)

**Sünja**
friesische Kurzform von Vornamen, die mit »Sun-« (Urteil, Sühne) zusammengesetzt sind

**Sünke**
friesische Kurzform von Vornamen, die mit »Sun-« (Urteil, Sühne) zusammengesetzt sind

**Sunna**
friesische Kurzform von Vornamen, die mit »Sun-« (Urteil, Sühne) zusammengesetzt sind

**Susanne**
auch Susanna; *hebräisch:* die Lilie

**Susen**
schwedische Form von Susanne

**Susse**
dänische Koseform von Susanne

**Sussi**
dänische Koseform von Susanne

**Svea**
schwedischer Vorname; Personifizierung Schwedens

**Sveoc**
zum altschwedischen »svearike« = Schwedenreich

**Svenja**
weibliche Form von Sven

**Swaantje**
friesische Kurz- und Koseform von Vornamen, die mit »Swan-« (Schwan) zusammengesetzt sind, z. B. von Swanhild

**Swana**
Nebenform von Swaantje

**Swaneke**
friesische Koseform von Swanhild

**Swanhild**
*aus dem Althochdeutschen:* Schwan und Kampf

**Swantje**
friesische Kurz- und Koseform von Vornamen, die mit »Swan-« (Schwan) zusammengesetzt sind, z. B. von Swanhild

**Sylke**
schwedische und niederdeutsche Kurzform von Cäcilie

**Sylvi**
schwedische Nebenform von Silvia

**Synke**
Nebenform von Sünke

**Syrina**
wahrscheinlich erweiterte Form von Sirin

**Syster**
*schwedisch:* Schwester, Mädchen

# T

**Taina**
finnische Form von Tanja

**Talea**
friesische und niederländische Form von Adelheid

**Taleja**
friesische und niederländische Form von Adelheid

**Taleke**
friesische und niederländische Form von Adelheid

**Taletta**
friesische und niederländische Form von Adelheid

**Talida**
friesische und niederländische Form von Adelheid

**Talika**
friesische und niederländische Form von Adelheid

**Talina**
friesische und niederländische Form von Adelheid

**Talje**
friesische und niederländische Form von Adelheid

**Talka**
friesische und niederländische Form von Adelheid

**Talkea**
friesische und niederländische Form von Adelheid

**Tanja**
Nebenform von Tatjana

**Tatjana**
russischer Vorname, der vermutlich vom lateinischen »Tatianus« (Name eines Sabinerkönigs) abgeleitet ist

**Tede**
Kurzform von Theodora; auch als männlicher Vorname!

**Teela**
friesische und niederländische Form von Adelheid

**Teida**
friesische und niederländische Form von Adelheid

**Teika**
friesische und niederländische Form von Adelheid

**Teike**
friesische und niederländische Form von Adelheid

**Tela**
friesische und niederländische Form von Adelheid

**Telsa**
friesische Form von Elisabeth

**Telse**
niederdeutsche und friesische Form von Elisabeth

**Telseke**
friesische Koseform von Elisabeth

**Tetta**
friesische Kurzform von Vornamen, die mit »Diet-« (Volk) zusammengesetzt sind

**Tettje**
friesische Kurzform von Vornamen, die mit »Diet-« (Volk) zusammengesetzt sind

**Theda**
niederdeutsche und ostfriesische Form von Adelheid

**Theodora**
weibliche Form von Theodor

**Thiadberg**
friesische Kurzform von Dietberga

**Thiadburg**
friesische Kurzform von Dietberga

**Thora**
auch Tora; nordische Vornamen; Kurzformen von Vornamen, die mit »Thor-« (Name des germanischen Donnergottes) zusammengesetzt sind

**Thorborg**
*nordisch:* Thor und Schutz

**Thordis**
*nordisch;* zu Thor und dem altschwedischen »dis« = Göttin

**Thorgard**
*nordisch:* Thor und Schutz

**Thorgerd**
*nordisch:* Thor und Schutz

**Thorgund**
*nordisch:* Thor und Kampf

**Thorhild**
*nordisch:* Thor und Kampf

**Thorid**
nordischer Vorname, zu Thor und dem altnordischen »fridhr« = Friede

**Thuri**
*nordisch:* Thor und schön

**Thyra**
schwedischer Vorname; latinisierte Form eines altschwedischen Namens, gebildet aus: Thor und Kampf

**Thyrvi**
Nebenform von Thyra

**Tiada**
friesische Kurzform von Vornamen, die mit »Diet-« (Volk) zusammengesetzt sind

**Tiba**
friesische Kurzform von Dietberga

**Tibeta**
friesische Kurzform von Dietberga

**Tibetha**
friesische Kurzform von Dietberga

**Tida**
friesische und niederländische Form von Adelheid

**Tietje**
ostfriesische Kurzform von Vornamen, die mit »Diet-« (Volk) zusammengesetzt sind

**Tietsje**
ostfriesische Kurzform von Vornamen, die mit »Diet-« (Volk) zusammengesetzt sind

**Tilse**
friesische Form von Elisabeth

**Tjada**
friesische Kurzform von Vornamen, die mit »Diet-« (Volk) zusammengesetzt sind

**Tjalda**
friesische Kurzform von Vornamen, die mit »Diet-« (Volk) zusammengesetzt sind

**Tjarde**
weibliche Form von Tiard

**Tordis**
*nordisch;* zu Thor und dem altschwedischen »dis« = Göttin

**Torgard**
*nordisch:* Thor und Schutz

**Torgärd**
Nebenform von Torgerd

**Torgerd**
*nordisch:* Thor und Schutz

**Torgun**
Nebenform von Torgund

**Torgund**
*nordisch:* Thor und Kampf

**Torgunnd**
Nebenform von Torgund

**Torhild**
*nordisch:* Thor und Kampf

**Torhilda**
Nebenform von Torhild

**Torid**
nordischer Vorname, zu Thor und dem altnordischen »fridhr« = Friede

**Toril**
*nordisch:* Thor und Schutz, Friede

**Torild**
Nebenform von Torhild

**Törilla**
Nebenform von Torhild

**Tove**
dänische Kurzform von Vornamen, die mit »Thor-« zusammengesetzt sind; im Schwedischen auch als männlicher Vorname!

**Trientje**
friesische Kurzform von Katharina

**Turi**
Nebenform von Thuri

**Turid**
andere Form von Torid; oder Nebenform von Thuri

**Tyra**
Nebenform von Thyra

**Tyre**
Nebenform von Thyra

# U

**Uba**
nordfriesische weibliche Kurzform von Ubald

**Ubba**
weibliche Form von Ubbo

**Ubbina**
erweiterte Form von Ubba

**Uda**
ostfriesische Kurzform von Vornamen, die mit »Ud-« (Besitz, Erbgut) zusammengesetzt sind

**Ude**
ostfriesische Kurzform von Vornamen, die mit »Ud-« (Besitz, Erbgut) zusammengesetzt sind; auch als männlicher Vorname!

**Ulfhild**
nordische Form von Wolfhild

**Ulla**
schwedische Form von Hulda; auch Kurzform von Ursula oder Ulrike

**Ulla-Britt**
schwedischer Doppelname, zusammengesetzt aus Ulla und Britta

**Ulricca**
nordische weibliche Form von Ulrich

**Ulricha**
nordische weibliche Form von Ulrich

**Ulrika**
dänische und schwedische weibliche Form von Ulrich

**Ulrikka**
nordische weibliche Form von Ulrich

**Ulrikke**
nordische weibliche Form von Ulrich

**Ulvhild**
schwedische Nebenform von Ulfhild

**Unn**
*nordisch:* Liebe

**Unna**
*nordisch:* Liebe

**Unni**
*nordisch:* Liebe

**Urd** schwedischer Vorname; altnordischer Name einer der drei germanischen Nornen

**Urda**
schwedischer Vorname; altnordischer Name einer der drei Nornen (germanische Schicksalsgöttinnen)

**Urmina**
niederländische Nebenform von Hermine

**Ursel**
Kurzform und niederländische Form von Ursula

**Ursula**
*lateinisch:* die kleine Bärin

# V

**Valborg**
nordische Form von Walburg

**Vanda**
schwedische und italienische Form von Wanda

**Vanja**
slawischer Vorname; Bedeutung unklar; in Schweden als weibliche Form von Ivan aufgefasst; auch als männlicher Vorname!

**Verna**
weibliche Form von Verner

**Vesla**
*schwedisch:* die Kleine

**Vibe**
Koseform von Vibeke

**Vibeke**
dänische Form von Wibke

**Viktoria**
weibliche Form von Viktor

**Vilia**
Nebenform von Vilja

**Vilja**
*nordisch:* Wille; oder Reichtum, Güte

**Vips**
Koseform von Vibeke

**Vivan**
schwedische Koseform von Vibeke

**Viveka**
schwedische Nebenform von Vivica

**Vivica**
latinisierte schwedische Form von Vibeke

**Vola**
friesische Kurzform von Vornamen, die mit »Volk-« (Volk, Kriegsschar) zusammengesetzt sind

**Volkhild**
*aus dem Althochdeutschen:* Volk, Kriegsschar und Kampf

**Volla**
friesische Kurzform von Vornamen, die mit »Volk-« (Volk, Kriegsschar) zusammengesetzt sind

**Volle**
ostfriesische Kurzform von Vornamen, die mit »Volk-« (Volk, Kriegsschar) zusammengesetzt sind

**Vollina**
ostfriesische Kurzform von Vornamen, die mit »Volk-« (Volk, Kriegsschar) zusammengesetzt sind

**Volma**
ostfriesische weibliche Form von Volmar

**Vreda**
niederdeutsche Form von Frieda

# W

**Walburg**
auch Walburga; *aus dem Althochdeutschen:* walten, herrschen und Schutz

**Wanda**
*slawisch:* die Wendin, die Sorbenfrau

**Wanja**
andere Form des weiblichen Vornamens Vanja; auch als männlicher Vorname!

**Weda**
friesische Kurzform von Vornamen, die mit »Wede-« oder »Widu-« (Wald, Gehölz) zusammengesetzt sind

**Wedeke**
friesische Kurzform von Vornamen, die mit »Wede-« oder »Widu-« (Wald, Gehölz) zusammengesetzt sind

**Weeda**
friesische Kurzform von Vornamen, die mit »Wede-« oder »Widu-« (Wald, Gehölz) zusammengesetzt sind

**Weeka**
friesische Kurzform von Vornamen, die mit »Wede-« (Wald, Gehölz) zusammengesetzt sind

**Weekea**
friesische Kurzform von Vornamen, die mit »Wede-« (Wald, Gehölz) zusammengesetzt sind

**Weerta**
weibliche Form von Weert

**Wellemina**
friesische und rheinische Form von Wilhelmine

**Welmot**
ostfriesische weibliche Form von Wilmut

**Welmuth**
ostfriesische weibliche Form von Wilmut

**Wemkea**
ostfriesische Form von Wilhelmine

**Wencke**
norwegischer Vorname; zu niederdeutsch Weneke; oder niederdeutsche Kurzform von Vornamen, die mit »Wern-« (wehren, schützen) oder »-wine« zusammengesetzt sind

**Weneke**
niederdeutsch-friesische weibliche Kurzform von Wenemar

**Werta**
Nebenform von Weerta

**Wiba**
friesische Kurzform von Vornamen, die mit »Wig-« (Kampf) zusammengesetzt sind

**Wibeke**
friesische Kurzform von Vornamen, die mit »Wig-« (Kampf) zusammengesetzt sind

**Wibke**
friesische Kurzform von Vornamen, die mit »Wig-« (Kampf) zusammengesetzt sind

**Wibkea**
friesische Kurzform von Vornamen, die mit »Wig-« (Kampf) zusammengesetzt sind

**Wide**
ostfriesische Kurzform von Vornamen, die mit »Wede-« oder »Widu-« (Wald, Gehölz) zusammengesetzt sind

**Wiebke**
friesische Kurzform von Vornamen, die mit »Wig-« (Kampf) zusammengesetzt sind

**Wiepke**
friesische Kurzform von Vornamen, die mit »Wig-« (Kampf) zusammengesetzt sind

**Wieta**
friesische Kurzform von Vornamen, die mit »Wig-« (Kampf) zusammengesetzt sind

**Wietske**
friesische Kurzform von Vornamen, die mit »Wig-« (Kampf) zusammengesetzt sind

**Wilhelma**
weibliche Form von Wilhelm

**Wilhelmine**
Nebenform von Wilhelma

**Wilja**
Nebenform von Vilja

**Wilmken**
niederdeutsche Koseform von Wilhelmine

**Winolde**
weibliche Form von Winold

**Witta**
Nebenform von Wieta

**Witte**
Nebenform von Wieta

**Wolfhild**
auch Wolfhilde; *aus dem Althochdeutschen:* Wolf und Kampf

**Wübke**
friesische Kurzform von Vornamen, die mit »Wig-« (Kampf) zusammengesetzt sind

**Wübkea**
friesische Kurzform von Vornamen, die mit »Wig-« (Kampf) zusammengesetzt sind

# Y

**Yelva**
*nordisch:* einzige Erbin

**Ylva**
*nordisch:* Wölfin

**Yngva**
weibliche Form von Yngve

**Yvonne**
auch Ivonne; weibliche Formen von Yvo

# Z

**Ziena**
friesische Kurzform von Vornamen, die mit »-cina« oder »-sina« zusammengesetzt sind

**Zientje**
friesische Kurzform von Vornamen, die mit »-cina« oder »-sina« zusammengesetzt sind

**Zina**
friesische Kurzform von Vornamen, die mit »-cina« oder »-sina« zusammengesetzt sind

**Zinske**
friesische Kurzform von Vornamen, die mit »-cina« oder »-sina« zusammengesetzt sind

**Zinskea**
friesische Kurzform von Vornamen, die mit »-cina« oder »-sina« zusammengesetzt sind

**Zitske**
ostfriesische Form von Franziska

**Zwaantje**
Nebenform von Swaantje

**Zwanette**
Nebenform von Swaantje

**Zytske**
ostfriesische Form von Franziska

# A

**Aalderk**
niederdeutsche und friesische Form von Adalrich

**Abraham**
*hebräisch:* erhabener Vater; Vater der Menge

**Absalom**
*hebräisch:* Vater des Friedens

**Achaz**
*hebräisch:* der Herr besitzt

**Acke**
schwedische Form von Axel

**Adalbert**
*aus dem Althochdeutschen:* edel, vornehm und glänzend

**Adalger**
*aus dem Althochdeutschen:* edel, vornehm und Speer

**Adalhard**
*aus dem Althochdeutschen:* edel, vornehm und stark

**Adalrich**
*aus dem Althochdeutschen:* edel, vornehm und reich, mächtig

**Adalward**
*aus dem Althochdeutschen:* edel, vornehm und Hüter

**Adalwin**
*aus dem Althochdeutschen:* edel, vornehm und Freund

**Adils**
*nordisch:* Adel und Speer

**Adolf**
*aus dem Althochdeutschen:* edel, vornehm und Wolf

**Adriaan**
niederländische Form von Adrian

**Adrian**
auch Adriaen; *lateinisch:* der aus der Stadt Adria stammende; Adrian auch als weiblicher Vorname!

**Age**
friesische Kurzform von Vornamen, die mit »Agi-« (Schwertspitze) zusammengesetzt sind

**Aggo**
Nebenform von Age

**Ägid**
auch Ägidius; *griechisch:* der Schildhalter

**Agilbert**
*aus dem Althochdeutschen:* Schwertspitze und glänzend

**Agilmar**
Nebenform von Agimar

**Agimar**
*aus dem Althochdeutschen:* Schwertspitze und berühmt

**Agimund**
*aus dem Althochdeutschen:* Schwertspitze und Schutz der Unmündigen

**Aginald**
*aus dem Althochdeutschen:* Schwertspitze und walten, herrschen

**Agnar**
*nordisch:* Schwertspitze und Krieger

**Agner**
*nordisch:* Schwertspitze und Krieger

**Aies**
jütländische Form von Absalom

**Aimo**
finnische Form von Achaz

**Ainers**
friesische Kurzform von Andreas

**Ais**
jütländische Form von Absalom

**Ajes**
jütländische Form von Absalom

**Ajs**
jütländische Form von Absalom

**Akim**
niederdeutsche und russische Kurzform von Joachim

**Akke**
Nebenform von Age

**Aksel**
dänische Form von Axel

**Alderk**
niederdeutsche und friesische Form von Adalrich

**Alex**
Kurzform von Alexander

**Alexander**
*griechisch:* der Schützende, der Verteidiger

**Alf**
nordische Form von Adolf oder Kurzform von Alfred

**Alfhard**
*aus dem Althochdeutschen:* Elf, Naturgeist und stark

**Alfred**
*angelsächsisch:* Elf, Naturgeist und Rat, Ratgeber

**Alger**
friesischer Vorname althochdeutscher Herkunft: edel, vornehm und Speer

**Algot**
*nordisch:* edel, vornehm und Gotländer

**Algoth**
andere Form von Algot

**Alker**
andere Form von Alger

**Almar**
*nordisch:* edel, vornehm und berühmt

**Almer**
*nordisch:* edel, vornehm und berühmt

**Alrik**
niederdeutsche Form von Adalrich

**Alvar**
*nordisch:* Elf, Naturgeist und Heer oder Krieger

**Alver**
andere Form von Alvar

**Alwin**
Nebenform von Adalwin

**Amdi**
jütländische Form von Ammund

**Ammo**
friesische Kurzform von Vornamen, die mit »Amal-« (auf das ostgotische Geschlecht der Amaler bezogen) zusammengesetzt sind

**Ammund**
nordische Form von Agimund

**Amund**
andere Form von Ammund

**Ancher**
Nebenform von Anker

**Anders**
nordische Form von Andreas

**Andreas**
*griechisch:* der Mannhafte

**Andrees**
niederländische Form von Andreas

**Andres**
friesische und niederländische Form von Andreas

**Andries**
friesische und niederländische Form von Andreas

**Andris**
friesische Form von Andreas

**Anker**
*nordisch:* Adler und Mann

**Anno**
Kurzform von Vornamen, die mit »Arn-« (Adler) zusammengesetzt sind; auch latinisierte Form von Hanno

**Apke**
ostfriesische Form von Adalbert; auch als weiblicher Vorname!

**Are**
*nordisch:* Adler

**Arfast**
friesischer Vorname, von dem althochdeutschen »arn« (Adler) und »fasto« (fest)

**Arfst**
friesischer Vorname, von dem althochdeutschen »arn« (Adler) und »fasto« (fest)

**Ari**
*nordisch:* Adler; oder niederländische Kurzform von Arian; oder *hebräisch:* Löwe

**Arian**
niederländische und ungarische Form von Adrian

**Arild**
dänische Form von Arnold

**Armas**
*finnisch:* anmutig, lieblich

**Arn**
andere Form von Arne

**Arne**
nordische Kurzform von Vornamen, die mit »Arn-« (Adler) zusammengesetzt sind

**Arnfred**
*nordisch:* Adler und Friede

**Arno**
Kurzform von Vornamen, die mit »Arn-« (Adler) zusammengesetzt sind

**Arnold**
*aus dem Althochdeutschen:* Adler und herrschen, walten

**Arv**
*nordisch:* Adler

**Arved**
*nordisch:* Adler und weit oder Wald

**Arvi**
*nordisch:* Adler und weit oder Wald

**Arvid**
*nordisch:* Adler und weit oder Wald

**Arwed**
*nordisch:* Adler und weit oder Wald

**Ary**
niederländische Kurzform von Arian

**Asbjörn**
*schwedisch:* Gott und Bär

**Asfred**
*nordisch:* Gott und Friede

**Asgar**
Nebenform von Asger

**Asger**
*nordisch:* Gott und Speer

**Ask**
*nordisch:* Gott und Speer

**Aske**
*nordisch:* Gott und Speer

**Asker**
*nordisch:* Gott und Speer

**Askil**
*nordisch:* Gott und Speer oder Helm

**Askild**
*nordisch:* Gott und Speer oder Helm

**Aslak**
*nordisch:* Gott und Spiel, Waffenspiel

**Asmind**
Nebenform von Asmund

**Asmund**
*nordisch:* Gott und Schutz

**Asthor**
*nordisch:* Gott und Thor

**Atle**
nordische Form von Attila

**Atli**
nordische Form von Attila

**Attila** zu gotisch »attila« = Väterchen

**Audun**
nordische Form von Otto

**Augo**
grönländische Form von August

**August**
*lateinisch:* der Erhabene

**Austen**
niederdeutsche Form von August

**Awe**
friesische Kurzform von Adalward

**Awo**
friesische Kurzform von Adalward

**Axel**
dänisch-schwedische Kurzform von Absalom; auch durch Konsonantenumstellung entstandene Nebenform von Alex

**Ayen**
friesische Kurzform von Vornamen, die mit »Agil-« (Schwertspitze) zusammengesetzt sind

**Ayk**
friesische Kurzform von Vornamen, die mit »Agil-« (Schwertspitze) zusammengesetzt sind, z. B. von Aginald

**Ayke**
friesische Kurzform von Vornamen, die mit »Agil-« (Schwertspitze) zusammengesetzt sind

**Ayko**
friesische Kurzform von Vornamen, die mit »Agil-« (Schwertspitze) zusammengesetzt sind

**Ayold**
friesische Form von Aginald

# B

**Baan**
andere Form von Bahne

**Bado**
*nordisch:* Kämpfer

**Bagge**
*nordisch:* Tollpatsch

**Bahne**
friesischer Vorname, vermutlich Kurzform eines Vornamens, der mit dem althochdeutschen »ban« (Bann) zusammengesetzt ist

**Bahnes**
Nebenform von Bahne

**Baki**
*nordisch:* Tollpatsch

**Balder**
andere Form von Baldur

**Baldewin**
*aus dem Althochdeutschen:* kühn und Freund

**Baldo**
friesische Kurzform von Vornamen, die mit »Bald-« (kühn) zusammengesetzt sind

**Balduin**
niederdeutsche und niederländische Form von Baldewin

**Baldur**
nordischer Gott des Lichtes

**Balser**
dänische Form von Balthasar

**Balte**
niederländische Form von Balthasar

**Balthasar**
*hebräisch:* Gott (Baal) beschütze sein Leben!

**Bane**
Nebenform von Bahne

**Banne**
Nebenform von Bahne

**Bannert**
Nebenform von Bahne

**Bantje**
Nebenform von Bahne

**Barnd**
niederdeutsche und friesische Form von Bernd

**Baue**
friesischer Vorname, vielleicht von dem althochdeutschen »buobo« (Bube)

**Bauwen**
friesischer Vorname, vielleicht Kurzform von Balduin

**Bauwo**
friesischer Vorname, vielleicht Kurzform von Balduin

**Bean**
westfriesische Kurzform von Bernhard

**Beek**
niederdeutsche Kurzform von Bertke

**Bendiks**
westfriesische Form von Benedikt

**Bendix**
ostfriesische Form von Benedikt

**Bendt**
nordische Form von Benedikt

**Benedikt**
auch Benediktus; *lateinisch:* der Gesegnete

**Bengt**
schwedische und dänische Form von Benedikt

**Bent**
dänische Form von Benedikt

**Berend**
niederdeutsche Kurzform von Bernhard

**Bernd**
Kurzform von Bernhard

**Bernhard**
*aus dem Althochdeutschen:* Bär und stark

**Bernt**
dänische Form von Bernhard

**Bernth**
dänische Form von Bernhard

**Bertil**
schwedische Kurzform von Bertilo

**Bertilo**
alte Koseform von Vornamen, die mit »Bert-« (glänzend) zusammengesetzt sind

**Bertke**
niederdeutsche Koseform von Vornamen, die mit »Bert-« (glänzend) zusammengesetzt sind

**Bessel**
westfriesische Kurzform von Vornamen, die mit »Bert-« oder »-bert« (glänzend) zusammengesetzt sind

**Birge**
dänische Form von Birger

**Birger**
*nordisch:* Helfer, Schützer

**Bjarke**
*nordisch:* Bär

**Bjarki**
*nordisch:* Bär

**Bjarne**
dänische Form von Björn

**Bjarni**
isländische Form von Björn

**Bjergi**
*nordisch:* Bär

**Bjerke**
*nordisch:* Bär

**Bjerne**
*nordisch:* Bär

**Björn**
*schwedisch:* Bär

**Bo**
*dänisch und schwedisch:* der Sesshafte; auch *chinesisch:* wertvoll; auch als weiblicher Vorname!

**Boi**
friesische Kurzform von Vornamen, die mit »Bod-« (Bote) zusammengesetzt sind

**Boie**
andere Form von Boi

**Boje**
andere Form von Boi

**Bojo**
andere Form von Boi

**Bone**
Nebenform von Bahne

**Bonke**
Nebenform von Bahne

**Borchard**
niederdeutsche Form von Burkhard

**Borg**
niederdeutsche Kurzform von Burkhard

**Börge**
neuere Form von Birger

**Börje**
schwedische Form von Börge

**Bork**
niederdeutsche Kurzform von Burkhard

**Börries**
niederdeutsche Kurzform von Liborius

**Bors**
niederdeutsche Kurzform von Liborius

**Bosse**
niederdeutsche Kurzform von Burkhard; oder schwedische andere Form von Bo

**Bosso**
andere Form von Bosse

**Boudewijn**
niederländische Form von Baldewin

**Bouw**
friesischer Vorname, vielleicht Kurzform von Balduin

**Bouwke**
friesischer Vorname, vielleicht Kurzform von Balduin

**Boy**
andere Form von Boi

**Brage**
*nordisch:* vornehmer Mann, Fürst

**Bram**
niederländische und englische Kurzform von Abraham

**Broder**
*niederdeutsch-friesisch und nordisch:* Bruder

**Bronno**
Koseform von Broder

**Bror**
Kurzform von Broder

**Bryde**
*nordisch:* Verwalter

**Brynjolf**
*nordisch:* Brünne, Panzer und Wolf

**Brynjolfur**
isländische Form von Brynjolf

**Burkhard**
*aus dem Althochdeutschen:* Burg, Schutz und hart

**Busse**
niederdeutsche Kurzform von Burkhard

**Busso**
niederdeutsche Kurzform von Burkhard

**Buur**
*nordisch:* Sohn, Nachkomme

# C

**Carl**
Nebenform von Karl

**Carlos**
niederländische, spanische und portugiesische Form von Karl

**Carsten**
niederdeutsche Form von Christian

**Chrilles**
niederländische Koseform von Cornelius

**Christen**
dänische Kurzform von Christian

**Christer**
schwedische Kurzform von Christian

**Christiaan**
niederländische Form von Christian

**Christian**
*griechisch-lateinisch:* der Christ

**Christiern**
dänische Form von Christian

**Christoffer**
dänische Form von Christoph

**Christoph**
auch Cristof; *griechisch:* Christusträger

**Claas**
niederdeutsche Kurzform von Nikolaus

**Clas**
niederdeutsche Kurzform von Nikolaus

**Clemens**
Nebenform und niederländische Form von Klemens

**Clemmen**
dänische Form von Klemens

**Corneel**
niederländische Kurzform von Cornelius

**Cornelis**
niederländische Form von Cornelius

**Cornelius**
auch Kornelius; römischer Sippenname

**Crilles**
niederländische Koseform von Cornelius

**Crispin**
auch Crispinus; *lateinisch:* kraushaarig

**Cristof**
auch Christoph, *griechisch:* Christusträger

**Cyriac**
*griechisch:* zum Herrn gehörig

**Cyriel**
niederländische Form von Cyriac

# D

**Dag**
nordische Kurzform von Vornamen, die mit dem althochdeutschen »dag-« = Tag oder dem keltischen »dago-« = gut zusammengesetzt sind

**Dagfin**
*nordisch:* Tag oder gut und Finne

**Dagfinn**
andere Form von Dagfin

**Dagh**
andere Form von Dag

**Dagino**
andere Form von Dag

**Dankmar**
*aus dem Althochdeutschen:* Gedanke und berühmt

**David**
aus der Bibel übernommener Vorname hebräischer Herkunft: der Geliebte, der Liebende

**Davide**
italienische Form von David; aus als weiblicher Vorname!

**Debald**
niederdeutsche Form von Dietbald

**Debold**
niederdeutsche Form von Dietbald

**Deddo**
friesische Koseform von Vornamen, die mit »Diet-« (Volk) zusammengesetzt sind

**Dederik**
friesische Form von Dietrich

**Dedlev**
Nebenform von Detlev

**Dedo**
friesische Koseform von Vornamen, die mit »Diet-« (Volk) zusammengesetzt sind

**Deik**
niederdeutsche Koseform von Vornamen, die mit »Diet-« (Volk) zusammengesetzt sind

**Delf**
Kurzform von Detlef

**Denys**
niederländische Form von Dionysius

**Derek**
friesische Form von Dietrich

**Derik**
friesische Form von Dietrich

**Derk**
friesische Form von Dietrich

**Deter**
niederdeutsche Form von Dieter

**Deterd**
niederdeutsche Form von Diethard

**Detert**
niederdeutsche Form von Diethard

**Dethard**
niederdeutsche Form von Diethard

**Detlef**
niederdeutsche Form von Dietleib

**Detlev**
niederdeutsche Form von Dietleib

**Detlof**
nordische Form von Detlef

**Detmar**
niederdeutsche Form von Dietmar

**Dettmar**
Nebenform von Detmar

**Dewald**
niederdeutsche Form von Dietbald oder Dietwald

**De Witt**
*altflämisch:* der Blonde

**Diddo**
friesische Kurzform von Vornamen, die mit »Diet-« (Volk) zusammengesetzt sind

**Diderik**
andere Form von Diederik

**Didi**
friesische Kurzform von Dietrich

**Diede**
friesische Kurzform von Dietrich

**Diederik**
niederdeutsche und niederländische Form von Dietrich

**Dierk**
andere Form von Dirk

**Dietbald**
*aus dem Althochdeutschen:* Volk und kühn

**Dietbert**
*aus dem Althochdeutschen:* Volk und glänzend

**Dieter**
Kurzform von Dietrich

**Diethard**
*aus dem Althochdeutschen:* Volk und hart

**Dietje**
niederdeutsch-friesische Koseform von Dietrich oder anderen Vornamen, die mit »Diet-« (Volk) zusammengesetzt sind

**Dietke**
niederdeutsch-friesische Koseform von Dietrich oder anderen Vornamen, die mit »Diet-« (Volk) zusammengesetzt sind

**Dietleib**
*aus dem Althochdeutschen:* Volk und Rest, Erbe

**Dietmar**
*aus dem Althochdeutschen:* Volk und berühmt

**Dietrich**
*aus dem Althochdeutschen:* Volk und reich, mächtig oder herrschen; Volksherrscher

**Dietwald**
*aus dem Althochdeutschen:* Volk und walten, herrschen

**Dietwolf**
*aus dem Althochdeutschen:* Volk und Wolf

**Dietz**
friesische Kurzform von Dietrich

**Dionysius**
latinisierte Form von griechisch Dionysios, dem Gott des Weins und der Fruchtbarkeit

**Dirch**
niederländische Koseform von Dietrich

**Dirk**
niederländische Koseform von Dietrich

**Dode**
friesische Kurzform von Vornamen, die mit »-dolf« zusammengesetzt sind, z. B. Rudolf

**Dodo**
friesische Kurzform von Vornamen, die mit »-dolf« zusammengesetzt sind, z. B. Rudolf

**Dorus**
niederländische Form und Koseform von Theodor

**Dothias**
friesischer Vorname, Bedeutung unklar

**Dragomir**
slawischer Vorname, aus dem altslawischen »dragi« (lieb) und »mir« (Friede)

**Drees**
niederdeutsche und niederländische Kurzform von Andreas

**Dres**
dänische Kurzform von Andreas

**Drewes**
niederdeutsche und niederländische Kurzform von Andreas

**Dries** niederdeutsche und niederländische Kurzform von Andreas

# E

**Ebbo**
friesische Kurzform von Vornamen, die mit »Eber-« (Eber) zusammengesetzt sind

**Eberhard**
*aus dem Althochdeutschen:* Eber und hart, stark

**Ebo**
friesische Kurzform von Vornamen, die mit »Eber-« (Eber) zusammengesetzt sind

**Eckehard**
*aus dem Althochdeutschen:* Schwertspitze und hart

**Edlard**
friesische Form von Adalhard

**Edlef**
*friesisch:* Besitz und Rest, Nachkomme, Erbe

**Edsardt**
friesische Form von Eckehard

**Edsart**
friesische Form von Eckehard

**Edsert**
friesische Form von Eckehard

**Edvard**
schwedische und norwegische Form von Edward

**Edvin**
schwedische Form von Edwin

**Edward**
*angelsächsisch:* Besitz und Hüter, Schützer

**Edwin**
*angelsächsisch:* Besitz und Freund

**Edzard**
friesische Form von Eckehard

**Edzart**
friesische Form von Eckehard

**Eero**
finnische Form von Erich

**Egbert**
Kurzform von Agilbert

**Egge**
friesische Kurzform von Egbert

**Eggert**
friesische Form von Eckehard

**Eggo**
friesische Kurzform von Egbert

**Egilmar**
Nebenform von Agilmar

**Egmont**
niederdeutsche und niederländische Form von Egmund

**Egmund**
jüngere Nebenform von Agimund

**Ehlert**
niederdeutsche Form von Eilhard

**Ehm**
friesische Kurzform von Vornamen, die mit »Egin-« (Schwertspitze) zusammengesetzt sind

**Eibo**
friesische Kurzform von Vornamen, die mit »Eg-« (Schwertspitze) zusammengesetzt sind

**Eik**
nordische Kurzform von Erich

**Eike**
friesische Kurzform von Vornamen, die mit »Ecke-« oder »Eg-« (Schwertspitze)

zusammengesetzt sind; auch als weiblicher Vorname!

**Eilef**
*nordisch:* der ewig Lebende

**Eilert**
niederdeutsche Form von Eilhard

**Eilev**
*nordisch:* der ewig Lebende

**Eilhard**
*aus dem Althochdeutschen:* Schwertspitze und hart, stark

**Eilif**
*nordisch:* der ewig Lebende

**Eiliko**
friesische Kurzform von Vornamen, die mit »Agil-« oder »Eil-« (Schwertspitze) zusammengesetzt sind

**Einar**
nordischer Vorname altisländischer Herkunft: der allein kämpft

**Einer**
andere Form von Einar

**Einert**
andere Form von Einar

**Eirik**
norwegische Form von Erich

**Ejlef**
andere Form von Eilef

**Ejnar**
andere Form von Einar

**Ejner**
andere Form von Einar

**Ejnert**
andere Form von Einar

**Ejolf**
*nordisch:* Geschenk und Wolf

**Elaf**
*nordisch:* alleiniger Erbe

**Elav**
*nordisch:* alleiniger Erbe

**Elef**
*nordisch:* alleiniger Erbe

**Elko**
friesische Kurzform von Vornamen, die mit »Adel-« (edel, vornehm), »Egil-« oder »Agil-« (Schwertspitze) zusammengesetzt sind

**Elmar**
Kurzform von Egilmar

**Elmer**
schwedische und englische Form von Elmar

**Elmo**
friesische Form von Elmar

**Elof**
*nordisch:* alleiniger Erbe

**Eloff**
*nordisch:* alleiniger Erbe

**Elso**
wahrscheinlich friesische Kurzform von Vornamen, die mit »Adal-« (edel, vornehm) zusammengesetzt sind

**Eluf**
*nordisch:* alleiniger Erbe

**Emmo**
ostfriesische Kurzform von Vornamen, die mit »Irm-« oder »Irmin-« (groß) zusammengesetzt sind

**Enders**
niederdeutsche Nebenform von Andreas, dem Namen griechischen Ursprungs

**Endres**
niederdeutsche Nebenform von Andreas

**Endric**
niederdeutsche Nebenform von Hendrik

**Endrich**
niederdeutsche Nebenform von Hendrik

**Endrik**
niederdeutsche Nebenform von Hendrik

**Enevold**
*nordisch:* ewiger Herrscher

**Enric**
niederländische Form von Heinrich

**Enrik**
niederländische Form von Heinrich

**Erasmus**
*griechisch:* der Begehrenswerte

**Erich**
*nordisch:* alleiniger, beständiger Herrscher

**Erik**
dänische und schwedische Form von Erich

**Eriko**
nordische Nebenform von Erich

**Erk**
schwedische Form von Erich

**Erkki**
finnische Form von Erich

**Erlan**
Nebenform von Erland

**Erland**
nordischer Vorname vermutlich althochdeutscher Herkunft: freier Mann und kühn; oder *aus dem Altenglischen:* Land des Edelmanns

**Erling**
*nordisch:* kleiner Fürst

**Ernesto**
italienische und spanische Form von Ernst

**Erno**
Nebenform von Arno; auch italienische Kurzform von Ernesto; auch niederländische Kurzform von Vornamen, die mit »Arn-« oder »Ern-« zusammengesetzt sind

**Ernst**
*aus dem Althochdeutschen:* Ernst, Entschlossenheit

**Errit**
*nordisch:* der Streitbare

**Esben**
*nordisch:* Gott und Bär

**Esbern**
*nordisch:* Gott und Bär

**Esge**
*nordisch:* Gott und Speer

**Esger**
*nordisch:* Gott und Speer

**Eskil**
Nebenform von Eskild

**Eskild**
*nordisch:* Gott und Helm

**Espen**
*nordisch:* Gott und Bär

**Esper**
*nordisch:* Gott und Bär

**Etlef**
andere Form von Edlef

**Eugen**
*griechisch:* der Wohlgeborene, von edler Abkunft

**Evan**
dänische Kurzform von Johannes

**Everhard**
niederdeutsche Form von Eberhard

**Everhart**
niederländische Form von Eberhard

**Evers**
Nebenform von Evert

**Evert**
niederdeutsche Kurzform von Eberhard

**Ewert**
niederdeutsche Kurzform von Eberhard

**Eylef**
*nordisch:* der ewig Lebende

**Eylev**
*nordisch:* der ewig Lebende

**Eylif**
*nordisch:* der ewig Lebende

**Eylof**
*nordisch:* Geschenk und Wolf

# F

**Fedder**
friesische Kurzform von Vornamen, die mit »Fried-« (Friede) zusammengesetzt sind, vor allem von Friedrich

**Feddo**
friesische Kurzform von Vornamen, die mit »Fried-« (Friede) zusammengesetzt sind, vor allem von Friedrich

**Feiko**
friesische Lallform von Vornamen, die mit »-fried« (Friede) zusammengesetzt sind

**Ferdinand**
aus dem Spanischen übernommener Vorname, eigentlich Nebenform von dem heute

nicht mehr gebräuchlichen Vornamen Fridunant, aus dem germanischen »frithu« (Friede) und »nantha« (gewagt, kühn)

**Fiedje**
niederdeutsche Kurzform von Friedrich

**Fiete**
niederdeutsche Kurzform von Friedrich

**Find**
andere Form von Finn

**Finn**
*nordisch, keltisch;* Bedeutung unklar; vielleicht vom gälischen »fionn« = weiß; oder der Finne

**Finnur**
isländische Form von Finn

**Flips**
niederdeutsche Kurzform von Philipp

**Florian**
*lateinisch:* der Blühende

**Floridus**
*lateinisch:* der Glänzende

**Floris**
niederländische Kurzform von Florus oder Florian; auch niederländische und spanische Form von Floridus; auch als weiblicher Vorname!

**Florus**
*lateinisch:* blühend

**Fock**
friesische Kurzform von Vornamen, die mit »Volk-« (Volk) zusammengesetzt sind

**Focko**
friesische Kurzform von Vornamen, die mit »Volk-« (Volk) zusammengesetzt sind

**Fokko**
andere Form von Focko

**Folko**
friesische Kurzform von Vornamen, die mit »Volk-« (Volk) zusammengesetzt sind

**Frans**
niederländische, schwedische und finnische Form von Franz

**Frants**
dänische Form von Franz

**Franz**
Kurzform von Franziskus

**Franziskus**
wahrscheinlich latinisierte Form vom italienischen »Francesco« = der Französische

**Frede**
*nordisch:* der Friedliche

**Frederick**
niederdeutsch-friesische Form von Friedrich

**Frederik**
niederländische und dänische Form von Friedrich

**Fredrik**
schwedische Form von Friedrich

**Freek**
andere Form von Frek

**Freerik**
verschliffene Form von Frederick oder Frederik

**Freilif**
*nordisch:* Friede und Nachkomme

**Frejlev**
*nordisch:* Friede und Nachkomme

**Frejlif**
*nordisch:* Friede und Nachkomme

**Frek**
niederdeutsche Kurzform von Frederick oder Frederik

**Frerk**
verschliffene Form von Frederick oder Frederik

**Fribo**
*nordisch:* der freie Bauer

**Fridlev**
*nordisch:* Friede und Nachkomme, Erbe

**Fridthjof**
andere Form von Frithjof

**Fridtjof**
dänische und norwegische Form von Frithjof

**Friedrich**
*aus dem Althochdeutschen:* Friede und reich, mächtig

**Frithiof**
andere Form von Frithjof

**Frithjof**
*nordisch:* Friede und Fürst; oder Schutz und Räuber

**Fritjof**
andere Form von Frithjof

**Frits**
niederländische Kurzform von Friedrich

**Fynn**
andere Form von Finn

# G

**Gaard**
niederländische und friesische Kurzform von Gerhard

**Gabriel**
aus der Bibel übernommener Vorname hebräischer Herkunft: Mann Gottes

**Gandolf**
aus dem altisländischen »gandr« (Werwolf) und dem althochdeutschen »wolf« (Wolf)

**Garbert**
niederdeutsch-friesische Form von Gerbert

**Garbit**
niederdeutsch-friesische Form von Gerbert

**Gard**
friesische Kurzform von Gerhard

**Garlef**
friesische Form von Gerleib

**Garrelf**
andere Form von Garlef

**Garrit**
friesische Form von Gerhard

**Gebbert**
niederdeutsche Form von Gebhard

**Gebbo**
niederdeutsche Form von Gebhard

**Gebhard**
*aus dem Althochdeutschen:* Gabe und hart, stark, kühn

**Geert**
niederländische Kurzform von Gerhard

**Geir**
*nordisch:* Speer

**Gejr**
*nordisch:* Speer

**Geo**
niederländische Kurzform von Georg

**Georg**
*griechisch:* der Bauer, der Landmann (der die Erde Bearbeitende)

**Geppert**
niederdeutsche Form von Gebhard

**Gerard**
niederländische und englische Form von Gerhard

**Gerardus**
niederländische Form von Gerhard

**Gerbert**
*aus dem Althochdeutschen:* Speer und glänzend

**Gerbit**
niederdeutsch-friesische Form von Gerbert

**Gerhard**
auch Gerhart; *aus dem Althochdeutschen:* Speer und hart, stark, kühn

**Geriet**
friesische Kurzform von Gerhard

**Gerit**
friesische Kurzform von Gerhard

**Gerjet**
friesische Kurzform von Gerhard

**Gerko**
friesische Kurzform von Gerhard

**Gerleib**
*aus dem Althochdeutschen:* Speer und Nachkomme, Erbe

**Gerluf**
*nordisch:* Speer und Nachkomme, Erbe

**German**
*lateinisch:* der Germane; auch russische Form von Hermann

**Gerrit**
friesische und niederländische Kurzform von Gerhard, auch als weiblicher Vorname!

**Gesinus**
friesischer Vorname, Weiterbildung von Vornamen, die mit »Ger-« (Speer) zusammengesetzt sind

**Gevaert**
niederländische Form von Gebhard

**Gevehard**
niederdeutsche Form von Gebhard

**Gevert**
niederländische Form von Gebhard oder Gottfried

**Gilg**
niederländische Form von Ägid

**Gils**
niederländische Form von Ägid

**Godelef**
niederdeutsch-friesische Form von Gottlieb

**Godfried**
niederländische und niederdeutsch-friesische Form von Gottfried

**Goesta**
schwedische Form von Gustav

**Goke**
niederdeutsch-friesische Kurzform von Vornamen, die mit »God-« (Gott) zusammengesetzt sind

**Göran**
schwedische Form von Georg oder Gregor

**Gorch**
niederdeutsche Form von Georg

**Görd**
friesische Kurzform von Gotthard

**Gorm**
*dänisch;* Kurzform von Guttorm (vom altnordischen »gudh« = Gott und »thyrma« = Ehre)

**Gösta**
schwedische Form von Gustav

**Göte**
auch Göthe; *nordisch:* gotischer Mann; Kurzformen von Vornamen, die mit »Göt-« oder »Got-« zusammengesetzt sind

**Gottfried**
*aus dem Althochdeutschen:* Gott und Friede

**Gottlieb**
pietistische Neubildung, angelehnt an das althochdeutsche

»leiba« (Überbleibsel, Nachkomme)

**Govert**
niederdeutsche und niederländische Kurzform von Gottfried

**Greger**
dänische Form von Gregor

**Gregers**
dänische Form von Gregor

**Gregoor**
niederländische Form von Gregor

**Gregor**
auch Gregorius; *griechisch:* der Wachsame

**Gudman**
Nebenform von Gudmand

**Gudmand**
*nordisch:* Gottes Mann

**Gudmar**
*nordisch:* Gott und berühmt

**Gudmund**
*nordisch:* Gott und Acht geben oder Schutz

**Gullak**
*nordisch:* Gott und Spiel

**Gullbrand**
*nordisch:* Gott und Feuer, Schwert

**Gumme**
nordische Koseform von Gudmund

**Gunar**
nordische Form von Gunter, Günter

**Gunder**
dänische Form von Günter

**Gunnar**
nordische Form von Gunter, Günter

**Gunnulf**
*nordisch:* Kampf und Wolf

**Gunter**
auch Gunther; Nebenformen von Günter

**Günter**
auch Günther; *aus dem Althochdeutschen:* Kampf und Heer

**Gunvald**
*nordisch:* Kampf und Kraft, Macht

**Gus**
Kurzform von Gustav

**Gustaaf**
niederländische Form von Gustav

**Gustaf**
Nebenform von Gustav

**Gustav**
ursprünglich schwedischer Vorname: Gott und Stab, Stütze

**Gustavus**
niederländische Form von Gustav

# H

**Haakon**
norwegische Form von Hakon

**Hagbarth**
*nordisch:* Hag, Gehölz und Axt

**Hagen**
*aus dem Althochdeutschen:* Einfriedung; oder *aus dem Irisch-Gälischen:* der Kleine, der Junge

**Hai**
friesische Form von Hagen

**Haie**
friesische Form von Hagen

**Haiko**
andere Form von Heiko

**Hajo**
friesische Form von Hagen

**Hakan**
andere Form von Hakon

**Hakon**
nordischer Vorname; abgeleitet von Hagen; oder *nordisch:* Pferd oder Hügel und Nachkomme oder Freund

**Haldan**
*nordisch:* halber Däne

**Haldor**
auch Haldo; *nordisch:* Fels, Stein und Thor

**Halfred**
*nordisch:* Fels, Stein und Friede

**Halvard**
*nordisch:* Fels, Stein und Hüter

**Halvor**
dänische Form von Halvard

**Hammo**
friesische Kurzform von Vornamen, die mit »Had-« (Kampf) oder »Helm-« (Helm) zusammengesetzt sind

**Hanke**
niederdeutsche Kurzform von Johannes

**Hanko**
niederdeutsche Kurzform von Johannes

**Hanno**
Kurzform von Johannes

**Hannu**
finnische Form von Johannes

**Haquinus**
latinisierte Form von Hakon

**Harald**
nordische Form von Harold

**Harbert**
niederländische und niederdeutsch-friesische Form von Herbert

**Hark**
friesische Kurzform von Vornamen, die mit »Har-« oder »Her-« (Heer) zusammengesetzt sind

**Harke**
friesische Kurzform von Vor-

namen, die mit »Har-« oder »Her-« (Heer) zusammengesetzt sind

**Harko**
friesische Kurzform von Vornamen, die mit »Har-« oder »Her-« (Heer) zusammengesetzt sind

**Harm**
friesische und niederländische Kurzform von Hermann

**Harmen**
friesische und niederländische Kurzform von Hermann

**Harms**
friesische Kurzform von Hermann

**Harold**
*aus dem Althochdeutschen:* Heer und walten, herrschen

**Harro**
friesische Form von Hermann und Kurzform von Vornamen, die mit »Har-« (Heer) zusammengesetzt sind

**Hart**
friesische Kurzform von Vornamen, die mit »Hart-« (hart, stark, kühn) zusammengesetzt sind

**Hasko**
friesische Form von Hasso

**Hasse**
schwedische Kurzform von Johannes

**Hassi**
isländische Kurzform von Johannes

**Hasso**
*aus dem Althochdeutschen:* Hesse; oder Kurzform von einem Vornamen, der mit »Had-« (Kampf) zusammengesetzt ist; oder Kurzform von Vornamen, die mit »Hart-« (hart, stark, kühn) zusammengesetzt sind

**Haug**
friesische Kurzform von Vornamen, die mit »Hug-« (Sinn, Geist, Verstand) zusammengesetzt sind

**Hauke**
friesische Form von Hugo; auch als weiblicher Vorname!

**Heikki**
finnische Form von Heinrich

**Heiko**
niederdeutsche Koseform von Heinrich

**Heilko**
friesische Kurzform von Vornamen, die mit »Heil-« (heil, gesund) zusammengesetzt sind

**Heilmar**
*aus dem Althochdeutschen:* heil, gesund und berühmt

**Heineke**
friesische Koseform von Heinrich

**Heinko**
niederdeutsch-friesische Koseform von Heinrich

**Heino**
friesische Kurzform von Heinrich

**Heinrich**
*aus dem Althochdeutschen:* Einfriedung und reich, mächtig

**Heintje**
niederländische Koseform von Heinrich

**Helge**
*nordisch:* heil, gesund, unversehrt; auch als weiblicher Vorname!

**Helko**
niederdeutsch-friesische Kurzform von Vornamen, die mit »Heil-« (heil, gesund) zusammengesetzt sind

**Helm**
friesische Kurzform von Wilhelm

**Helmer**
dänische und schwedische Form von Heilmar

**Helmke**
niederdeutsche Koseform von Vornamen, die mit »Helm-« (Helm) zusammengesetzt sind; auch als weiblicher Vorname!

**Helmko**
niederdeutsche Koseform von Vornamen, die mit »Helm-« (Helm) zusammengesetzt sind

**Helmold**
auch Helmwald; *aus dem Althochdeutschen:* Helm und walten, herrschen

**Hemme**
friesische Form von Hermann

**Hemmo**
friesische Form von Hermann

**Hendrik**
niederdeutsche und niederländische Nebenform von Henrik

**Hendryk**
Nebenform von Hendrik

**Henk**
dänische, schwedische und friesische Kurzform von Heinrich

**Henke**
friesische Kurzform von Heinrich

**Henneke**
friesische Koseform von Heinrich

**Henner**
friesische Form von Heinrich

**Hennig**
friesische Form von Heinrich oder Johannes

**Henning**
friesische Form von Heinrich oder Johannes

**Henrich**
dänische, schwedische und friesische Form von Heinrich

**Henrik**
schwedische, dänische, norwegische, niederdeutsche und ungarische Form von Heinrich

**Herbert**
*aus dem Althochdeutschen:* Heer und glänzend

**Herken**
niederdeutsch-friesische Kurzform von Vornamen, die mit »Her-« (Heer) zusammengesetzt sind

**Herko**
niederdeutsch-friesische Kurzform von Vornamen, die mit »Her-« (Heer) zusammengesetzt sind

**Herluf**
*nordisch:* Heer und Erbe

**Herman**
Nebenform und niederländische, schwedische und englische Form von Hermann; auch belorussische, ukrainische und rumänische Form von German

**Hermann**
auch Herrmann; *aus dem Althochdeutschen:* Heer und Mann, Krieger

**Hermod**
*nordisch:* Heer und Mut

**Herms**
friesische Kurzform von Hermann

**Hervard**
*nordisch:* Heer und Hüter

**Hiddo**
friesische Kurzform von Vornamen, die mit »Hild-« (Kampf) zusammengesetzt sind

**Hieronymus**
*griechisch:* der mit einem heiligen Namen

**Hildemar**
*aus dem Althochdeutschen:* Kampf und berühmt

**Hilding**
nordischer Vorname; von dem altnordischen »hildr« = Kampf

**Hilmar**
Kurzform von Hildemar

**Hinderk**
Nebenform von Hendrik

**Hinnerk**
Nebenform von Hendrik

**Hinrich**
niederdeutsch-friesische Kurzform von Heinrich

**Hinrik**
niederdeutsch-friesische Kurzform von Heinrich

**Hippo**
friesische Kurzform von Vornamen, die mit »Hild-« (Kampf) zusammengesetzt sind

**Hjalmar**
nordischer Vorname altisländischer Herkunft: Helm und Krieger; oder nordische Form von Hilmar

**Hjarn**
jütländische Form von Georg

**Högne**
schwedische Form von Hagen

**Holdger**
Nebenform von Holger

**Holger**
*schwedisch-dänisch:* Insel und Speer

**Holm**
*nordisch:* Inselbewohner

**Horatius**
*lateinisch:* aus dem Geschlecht der Horatier

**Horats**
niederländische Form von Horatius

**Hroar**
andere Form von Roar

**Hrolf**
nordische Form von Rolf

**Hugo**
Kurzform von Vornamen, die mit »Hug-« (Sinn, Geist, Verstand) zusammengesetzt sind

**Humfrid**
schwedische Form von Humfried

**Humfried**
*aus dem Althochdeutschen:* junger Bär und Friede

# I

**Ibbo**
friesische Form von Ivo

**Ibo**
friesische Form von Ivo

**Igge**
Nebenform von Egge

**Igor**
aus dem Russischen übernommener Vorname, der seinerseits auf den nordischen Vornamen Ingvar zurückgeht

**Ilian**
schwedische Form von Ägid

**Immanuel**
*hebräisch:* Gott mit uns

**Immo**
ostfriesische Kurzform von Vornamen, die mit »Irm-« oder »Irmin-« (groß) zusammengesetzt sind

**Imo**
Nebenform von Immo

**Ingemar**
schwedischer Vorname; Kurz- und Nebenform von Ingomar

**Ingmar**
schwedischer Vorname; Kurz- und Nebenform von Ingomar

**Ingomar**
*aus dem Althochdeutschen:* Ingwio (germanischer Stammesgott) und berühmt

**Ingvar**
*nordisch; aus dem Althochdeutschen:* Ingwio (germanischer Stammesgott) und Heer oder Wächter, Hüter

**Ingwar**
andere Form von Ingvar

**Ingwin**
*aus dem Althochdeutschen:* Ingwio (germanischer Stammesgott) und Freund

**Inko**
friesische Kurzform von Vornamen, die mit »Ing-« (auf den germanischen Stammesgott Ingwio bezogen) zusammengesetzt sind

**Isaak**
*hebräisch:* er (Gott) wird lachen

**Ivan**
russische Form von Johannes

**Ivar**
auch Iwar; Nebenformen von Ingvar

**Iven**
dänische Kurzform von Johannes

**Iver**
schwedische Form von Ivar

**Ivo** Kurzform vermutlich *aus dem Althochdeutschen:* Eibe; oder serbokroatische Form von Johannes

**Iwan**
russische Form von Johannes

**Iwe**
friesische Form von Ivo

**Iwo**
friesische Form von Ivo

**Izaak**
niederländische Form von Isaak

# J

**Jaap**
niederländische Kurzform von Jakob

**Jahn**
niederdeutsche, niederländische, polnische und russische Kurzform von Johannes

**Jais**
jütländische Form von Johannes

**Jakob**
*hebräisch;* wahrscheinlich: Fersenhalter

**Jan**
niederdeutsche, niederländische, polnische und russische Kurzform von Johannes

**Jann**
niederdeutsche, niederländische, polnische und russische Kurzform von Johannes

**Jannik**
dänische Koseform von Jan; Jannick ist weiblicher Vorname!

**Janning**
niederdeutsche Weiterbildung von Jan

**Jannis**
friesische Form von Jan

**Jarl**
*schwedisch:* Adliger

**Jarne**
jütländische Form von Georg

**Jasper**
friesische, dänische, niederländische und englische Form von Kaspar

**Jehannes**
friesische Form von Johannes

**Jelderk**
friesische Form von Adalrich

**Jeldrich**
friesische Form von Adalrich

**Jeldrik**
friesische Form von Adalrich

**Jelger**
friesische Form von Adalger

**Jenning**
andere Form von Janning

**Jens**
friesische und dänische Kurzform von Johannes

**Jep**
dänische Kurzform von Jakob

**Jeppe**
dänische Koseform von Jakob

**Jeremias**
*hebräisch:* (den) Jahwe (Gott) erhöht

**Jerik**
jütländische Form von Erich

**Jerk**
schwedische oder jütländische Nebenform von Erich

**Jerker**
schwedische oder jütländische Nebenform von Erich

**Jeroen**
niederländische Form von Hieronymus

**Jerrik**
jütländische Form von Erich

**Jerrit**
friesische Form von Gerhard

**Jes**
dänische Koseform von Johannes

**Jesper**
dänische Form von Kaspar

**Jess**
dänische Koseform von Johannes

**Jillis**
niederländische Form von Ägid

**Jirk**
friesische Form von Jirko

**Jirko**
slawische Form von Georg

**Joachim**
*hebräisch:* Jahwe (Gott) richtet auf

**Joakim**
nordische Form von Joachim

**Joan**
nordische und katalanische Form von Johannes; auch als weiblicher Vorname!

**Jodokus**
auch Jodocus, Jodok; Vornamen keltischer Herkunft; von dem bretonischen »jud« = Kampf in der Bedeutung Krieger

**Johan**
norwegische und schwedische Form von Johannes

**Johannes**
*hebräisch:* Jahwe (Gott) ist gnädig

**John**
niederdeutsche und englische Kurzform von Johannes

**Jokum**
dänische Kurzform von Joakim

**Jöns**
schwedische Form von Johannes

**Joos**
friesische und niederländische Koseform von Johannes

**Joost**
niederländische Form von Jodokus

**Jöran**
Nebenform von Göran

**Jordaan**
niederländische Form von Jordan

**Jordan**
*hebräisch:* das Herabfließende; wahrscheinlich ursprünglich *aus dem Germanisch-Althochdeutschen:* Erde und kühn; auch als weiblicher Vorname!

**Jorgen**
auch Jörgen; dänische Formen von Georg

**Jori**
friesische Kurzform von Eberhard oder Georg

**Joris**
niederländische und friesische Form von Gregor

**Jorma**
finnische Kurzform von Jeremias

**Jorn**
jütländische Kurzform von Georg oder Johannes

**Jörn**
Nebenform von Jürgen

**Jorrit**
friesische Kurzform von Eberhard oder Georg

**Joseph**
auch Josef; *hebräisch:* Jahwe (Gott) schenke Vermehrung

**Jost**
vermutlich friesische Form von Jodokus

**Juhani**
finnische Form von Johannes

**Jukka**
finnische Form von Johannes

**Jürg**
niederdeutsche oder schweizerische Kurzform von Georg

**Jürgen**
niederdeutsche Form von Georg

**Jürn**
Nebenform von Jürgen

**Jussi**
finnische Form von Johannes oder finnische Koseform von Gustav

# K

**Kai**
auch Kay; vermutlich keltischer Herkunft; Bedeutung unklar; oder *hawaiisch:* Meer; auch als weiblicher Vorname!

**Kaj**
*dänisch;* Herkunft und Bedeutung unklar; vielleicht aus dem althochdeutschen »kamph« = Kampf, Streit; oder dänische Form von Kai; auch als weiblicher Vorname!

**Kalle**
schwedische Form und norddeutsche Koseform von Karl

**Karel**
niederländische, dänische und tschechische Form von Karl; auch als weiblicher Vorname!

**Karl**
auch Carl; *aus dem Althochdeutschen:* freier Mann

**Karsten**
niederdeutsche Form von Christian

**Kaspar**
auch Caspar; *persisch:* Schatzbewahrer, Schatzmeister

**Kees**
niederländische Kurzform von Cornelius

**Keld**
*nordisch:* Opferkessel oder Helm

**Kell**
*nordisch:* Opferkessel oder Helm; oder *altnordisch:* Quelle

**Kenne**
friesische Form von Kuno

**Keno**
friesische Form von Kuno

**Kersten**
niederdeutsche Form von Christian

**Ketel**
Nebenform von Keld

**Ketil**
*altnordisch:* Helm tragender Krieger; oder Nebenform von Keld

**Kield**
Nebenform von Keld

**Kim**
nordische und bulgarische Kurzform von Joachim; auch englisch-irischer Vorname keltischer Herkunft; Kriegsanführer; auch als weiblicher Vorname!

**Kimo**
friesische Koseform von Joachim

**Kirby**
angloamerikanischer Vorname altnordischer Herkunft: der vom Kirchendorf; auch als weiblicher Vorname!

**Kirk**
*altnordisch:* der an der Kirche Wohnende

**Kjartan**
isländischer Vorname irischer Herkunft: Krieger

**Kjeld**
Nebenform von Keld

**Kjell**
Nebenform von Keld

**Kjertan**
Nebenform von Kjartan

**Kjöll**
schwedische Form von Kjeld

**Klaas**
niederdeutsche Kurzform von Nikolaus

**Klas**
niederdeutsche Kurzform von Nikolaus

**Klemens**
auch Clemens, Klement; *lateinisch:* der Gütige, Nachsichtige

**Klodwig**
auch Klodewig, Chlodwig; *aus dem Althochdeutschen:* laut, berühmt und Kampf, Sieg; neuere Form: Ludwig

**Knud**
auch Knut; *nordisch:* aus edlem Geschlecht; oder keck, freimütig

**Koenraad**
niederländische Form von Konrad

**Konrad**
auch Conrad; *aus dem Althochdeutschen:* kühn, tapfer und Rat, Ratgeber

**Kord**
niederdeutsche Kurzform von Konrad

**Korneel**
niederländische Kurzform von Cornelius

**Kort**
dänische Form von Konrad

**Kren**
jütländische Form von Christian

**Krispijn**
niederländische Form von Crispin

**Krister**
schwedische Form von Christian

**Kristian**
schwedische, amerikanische und russische Form von Christian

**Kristján**
isländische Form von Christian

**Kristof**
nordische Form von Christoph

**Kristoffel**
niederdeutsche Form von Christoph

**Kristoffer**
dänische Form von Christoph

**Kuno**
Kurzform von Konrad

# L

**Ladewig**
niederdeutsche Form von Ludwig

**Lars**
schwedische Kurzform von Laurentius

**Lasse**
schwedische Kurzform von Laurentius

**Launy**
finnische Form von Nikolaus

**Laurens**
schwedische und niederländische Form von Laurentius

**Laurentius**
*lateinisch:* der aus (der Stadt) Laurentium Stammende; auch als »der Lorbeergeschmückte« gedeutet

**Laurids**
dänische Form von Laurentius

**Laurie**
auch Lauri, englische Koseformen von Laurentius; Lauri

auch finnische Kurzform von Laurentius; auch als weibliche Vornamen!

**Laurits**
schwedische Form von Laurentius

**Laust**
jütländische Form von Laurentius

**Lavrans**
norwegische Form von Laurentius

**Lavranz**
schwedische Form von Laurentius

**Leif**
*nordisch:* Sohn; oder Erbe

**Leiff**
andere Form von Leif

**Lejf**
andere Form von Leif

**Lejff**
andere Form von Leif

**Lennart**
niederdeutsche, niederländische und schwedische Nebenform von Leonhard

**Lennert**
andere Form von Lennart

**Leonhard**
Zusammensetzung aus dem lateinischen »leo« = Löwe und dem althochdeutschen »harti« = hart, stark, kühn

**Leveke**
niederdeutsche Koseform von Liebwin

**Levin**
niederdeutsche Form von Liebwin

**Levold**
niederdeutsche Form von Liebhard

**Lewerenz**
niederdeutsche Form von Laurentius

**Lewin**
niederdeutsche Form von Liebwin

**Lewold**
niederdeutsche Form von Liebhard

**Liborius**
*lateinisch:* frei; oder *griechisch:* Gott opfern

**Liebhard**
*aus dem Althochdeutschen:* lieb und hart, stark, kühn

**Liebwin**
*aus dem Althochdeutschen:* lieb und Freund

**Lieuwe**
friesische Form von Leonhard

**Linnart**
schwedische Nebenform von Lennart

**Lodewik**
niederdeutsche und niederländische Form von Ludwig

**Lorenz**
eingedeutschte Form von Laurentius

**Lorry**
dänische Koseform von Laurentius

**Lothar**
*aus dem Althochdeutschen:* laut, berühmt und Heer

**Louis**
französische Form von Ludwig

**Lovis**
niederdeutsche Form von Ludwig

**Lowig**
niederdeutsche Form von Ludwig

**Lowik**
niederdeutsche und niederländische Form von Ludwig

**Lowis**
niederdeutsche Form von Ludwig

**Lübben**
friesische Kurzform von Vornamen, die mit »Luit-« (Volk) zusammengesetzt sind

**Lübbers**
friesische Kurzform von Vornamen, die mit »Luit-« (Volk) zusammengesetzt sind

**Lübbert**
friesischer Vorname, aus dem althochdeutschen »Luit« (Volk) und »beraht« (glänzend) gebildet

**Lübbo**
friesische Kurzform von Vornamen, die mit »Luit-« (Volk) zusammengesetzt sind

**Lübe**
friesische Kurzform von Vornamen, die mit »Luit-« (Volk) zusammengesetzt sind

**Lude**
friesische Kurzform von Vornamen, die mit »Luit-« (Volk) zusammengesetzt sind; auch Kurzform von Ludwig

**Lüde**
friesische Kurzform von Vornamen, die mit »Luit-« (Volk) zusammengesetzt sind; auch Kurzform von Ludwig

**Ludeke**
friesische Kurzform von Vornamen, die mit »Luit-« (Volk) zusammengesetzt sind; auch Kurzform von Ludwig

**Lüdeke**
friesische Kurzform von Vornamen, die mit »Luit-« (Volk) zusammengesetzt sind; auch Kurzform von Ludwig

**Ludvig**
schwedische und rätoromanische Form von Ludwig

**Ludwig**
*aus dem Althochdeutschen:*

berühmt und Kampf; neuere Form von Klodwig

**Luick**
ostfriesische Kurzform von Vornamen, die mit »Luit-« (Volk) zusammengesetzt sind

**Luideke**
friesische Kurzform von Vornamen, die mit »Luit-« (Volk) zusammengesetzt sind

**Luk**
westfriesische Kurzform von Lüdeke

**Lyder**
*nordisch:* Volk und Krieger

# M

**Maans**
nordische Form von Magnus

**Maart**
niederländische Form von Martin

**Maarten**
niederländische Form von Martin

**Mads**
schwedische oder dänische Kurzform von Matthias

**Magnar**
norwegische Neubildung von Magnus

**Magne**
nordische Form von Magnus

**Magnus**
*lateinisch:* der Große

**Mainart**
ostfriesische Form von Meinhard

**Maint**
Kurzform von Mainart

**Maio**
friesische Kurzform von Vornamen, die mit »Mein-« (Macht, Kraft, Vermögen) zusammengesetzt sind

**Malte**
dänischer Vorname; vielleicht Kurzform von Helmold oder Helmwald

**Manne**
nordische Koseform von Immanuel

**Marinus**
*lateinisch:* der am Meer Lebende

**Mart**
friesische Kurzform von Martin

**Marten**
niederländische und schwedische Form von Martin

**Martijn**
niederländische Form von Martin

**Martin**
auch Martinus; *lateinisch:* dem

Kriegsgott Mars geweiht; oder Sohn des Mars

**Mathi**
niederdeutsche Kurzform von Matthias

**Mathis**
niederdeutsche Kurzform von Matthias

**Mats**
schwedische Kurzform von Matthias

**Matthias**
*hebräisch:* Gottesgeschenk

**Matti**
finnische Form von Matthias

**Matts**
schwedische Kurzform von Matthias

**Mauritius**
erweiterte Form von Maurus

**Maurits**
niederländische Form von Mauritius

**Maurus**
*lateinisch:* der Mohr, der Maure

**Mecke**
friesische Kurzform von Vornamen, die mit »Mein-« (Macht, Kraft, Vermögen) zusamengesetzt sind

**Meeke**
friesische Kurzform von Vornamen, die mit »Mein-« (Macht, Kraft, Vermögen) zusamengesetzt sind

**Meent**
friesische Kurzform von Meinhard

**Meindert**
niederdeutsche und niederländische Form von Meinhard

**Meindt**
Nebenform von Meint

**Meiner**
friesische Form von Meinhard

**Meinert**
friesische Form von Meinhard

**Meinhard**
*aus dem Althochdeutschen:* Macht, Kraft, Vermögen und hart, stark, kühn

**Meinolf**
*aus dem Althochdeutschen:* Macht, Kraft, Vermögen und Wolf

**Meint**
Kurzform von Meinert

**Meko**
friesische Kurzform von Vornamen, die mit »Mein-« (Macht, Kraft, Vermögen) zusamengesetzt sind

**Memko**
friesische Kurzform von Vornamen, die mit »Mein-« (Macht, Kraft, Vermögen) zusamengesetzt sind

**Menard**
niederdeutsche und französische Nebenform von Meinhard

**Menno**
friesische Kurzform von Vornamen, die mit »Mein-« (Macht, Kraft, Vermögen) zusammengesetzt sind

**Meno**
friesische Kurzform von Vornamen, die mit »Mein-« (Macht, Kraft, Vermögen) zusammengesetzt sind

**Mense**
friesische Kurzform von Vornamen, die mit »Mein-« (Macht, Kraft, Vermögen) zusammengesetzt sind

**Menso**
friesische Kurzform von Vornamen, die mit »Mein-« (Macht, Kraft, Vermögen) zusammengesetzt sind

**Mensse**
friesische Kurzform von Vornamen, die mit »Mein-« (Macht, Kraft, Vermögen) zusammengesetzt sind

**Merten**
rheinisch-niederländische Form von Martin

**Michael**
*hebräisch:* Wer ist wie Gott?; im Englischen auch als weiblicher Vorname!

**Michel**
niederländische und französische Form von Michael

**Michiel**
niederländische Form von Michael

**Michiels**
niederländische Form von Michael

**Mickel**
dänische und schwedische Form von Michael

**Mikael**
dänische, schwedische und norwegische Form von Michael

**Mikal**
dänische und schwedische Kurzform von Michael

**Mikkel**
dänische und schwedische Kurzform von Michael

**Mikki**
nordische Koseform von Michael

**Mogens**
nordische Form von Magnus

**Molte**
Nebenform von Malte

**Momke**
friesische Kurzform von Vornamen, die mit »Mom-« oder »Muni-« (Geist,

Gedanke, Wille) zusammengesetzt sind

**Mort**
dänische Form von Martin

**Morten**
dänische und norwegische Form von Martin

**Morton**
dänische Form von Martin

**Mose**
auch Moses; *hebräisch:* ägyptisches Kind; oder aus dem Wasser gezogen

**Mourids**
dänische Form von Mauritius

**Mozes**
niederländische Form von Mose

# N

**Nanno**
Nebenform von Nahne, einer friesischen Lallform zum germanischen »nantha« (wagemutig)

**Nantje**
niederdeutsche und friesische Kurzform von Vornamen, die mit »Nant-« (wagemutig) zusammengesetzt sind; auch als weiblicher Vorname!

**Neel**
friesische Kurzform von Cornelius

**Neeltje**
friesische Kurzform von Cornelius; auch als weiblicher Vorname!

**Neklas**
niederdeutsche Kurzform von Nikolaus

**Nicolaas**
niederländische Form von Nikolaus

**Niels**
Kurzform von Cornelius; oder nordische Form von Nikolaus

**Nigg**
friesische Form von Nikolaus

**Nikhil**
altdänische Schreibweise von Niels

**Niklas**
friesische Form von Nikolaus

**Nikol**
friesische Form von Nikolaus

**Nikolaus**
*griechisch:* Sieg und Volksmenge

**Nils**
schwedische Kurzform von Nikolaus oder nordische Kurzform von Dionysius oder andere Form von Niels

**Nisse**
nordische Koseform von Nils

**Nolde**
friesische Kurzform von Arnold

**Nolte**
friesische Kurzform von Arnold

**Nonne**
friesische Kurzform von Vornamen, die mit »Nant-« oder »-nand« (wagemutig) zusammengesetzt sind

**Nonno**
friesische Kurzform von Vornamen, die mit »Nant-« oder »-nand« (wagemutig) zusammengesetzt sind

**Norman**
angloamerikanischer Vorname althochdeutscher und schwedischer Herkunft: Mann aus dem Norden

# O

**Obbo**
Nebenform von Otto oder friesische Kurzform von Vornamen, die mit »Od-« oder »Ot-« (Besitz) zusammengesetzt sind

**Odde**
friesische Form von Otto

**Odilbert**
*aus dem Althochdeutschen:* Besitz und glänzend

**Odin**
*nordisch:* der Rasende (der Vorname des germanischen Gottes Odin = Wotan)

**Odo**
niederdeutsche Form von Otto

**Odon**
schwedische Form von Odin

**Offe**
friesische Kurzform von Vornamen, die mit »Ot-« (Besitz) zusammengesetzt sind

**Offert**
Nebenform von Olfert

**Offo**
friesische Kurzform von Vornamen, die mit »Ot-« (Besitz) zusammengesetzt sind

**Oje**
ostfriesische Kurzform von Vornamen, die mit »Ot-« (Besitz) zusammengesetzt sind

**Okkel**
friesische Kurzform von Vornamen, die mit »Ot-« (Besitz) zusammengesetzt sind

**Okko**
friesische Kurzform von Vornamen, die mit »Ot-« (Besitz) zusammengesetzt sind

**Ola**
norwegische Form von Olaf

**Olaf**
*nordisch:* Erbe, Nachkomme des Vorvaters

**Olafur**
isländische Form von Olaf

**Olaus**
latinisierte Form von Olaf

**Olav**
Nebenform von Olaf

**Olavur**
isländische Form von Olaf

**Ole**
Kurzform von Vornamen, die mit »Ul-«, »Od-« oder »Ol-« zusammengesetzt sind; auch dänische Kurzform von Olaf

**Olfert**
friesische Form von Alfhard

**Oliver**
englischer Vorname; von dem nordischen »Olafr«, »Oleifr«, alten Formen von Olaf; der französische Vorname Olivier (vom altfranzösischen »olif« = Olivenzweig und »olivier« = Olivenbaum) verdrängte die nordischen Vornamen

**Olof**
schwedische Form von Olaf

**Olov**
Nebenform von Olaf

**Oltman**
friesischer Vorname althochdeutscher Herkunft: bewährt und Mann

**Oluf**
dänische Form von Olaf

**Omke**
friesische Kurzform von Vornamen, die mit »Ot-« oder »Od-« (Besitz) zusammengesetzt sind, vor allem von Otmar

**Omko**
friesische Kurzform von Vornamen, die mit »Ot-« oder »Od-« (Besitz) zusammengesetzt sind, vor allem von Otmar

**Omme**
friesische Kurzform von Vornamen, die mit »Ot-« oder »Od-« (Besitz) zusammengesetzt sind, vor allem von Otmar

**Ommeke**
friesische Kurzform von Vornamen, die mit »Ot-« oder »Od-« (Besitz) zusammengesetzt sind, vor allem von Otmar

**Ommo**
friesische Kurzform von Vornamen, die mit »Ot-« oder »Od-« (Besitz) zusammengesetzt sind, vor allem von Otmar

**Onno**
friesische Kurzform von Vornamen, die mit »Ot-« oder

»Od-« (Besitz) zusammengesetzt sind, vor allem von Otmar; oder friesische Kurzform von Arnold

**Ontje**
friesische Form von Otto

**Otbert**
*aus dem Althochdeutschen:* Besitz und glänzend

**Otmar**
*aus dem Althochdeutschen:* Besitz und berühmt

**Otto**
selbstständig gewordene Kurzform von Vornamen, die mit »Ot-« (Besitz) zusammengesetzt sind

**Ouwe**
Nebenform von Owe

**Ove**
nordfriesische und dänische Nebenform von Uwe

**Owe**
nordfriesische und dänische Nebenform von Uwe

# P

**Paale**
friesische Form von Paul

**Paavo**
finnische Form von Paul

**Pai**
nordfriesische Form von Paul

**Pall**
isländische Form von Paul

**Palle**
friesische Form von Paul

**Pals**
friesische Form von Paul

**Pär**
schwedische Form von Peter

**Paul**
vom lateinischen »Paulus« = der Kleine

**Pay**
Nebenform von Pai

**Peder**
dänische und rätoromanische Form von Peter

**Peeke**
friesische Koseform von Peter

**Peer**
nordische Form von Peter

**Peet**
friesische Kurzform von Peter

**Peiter**
nordische Form von Peter

**Pekka**
finnische Form von Peter

**Peko**
friesische Form von Peter

**Pelle**
schwedische Lallform von Peter

**Per**
schwedische und dänische Kurzform von Peter

**Peter**
*griechisch:* Fels, Stein

**Petronius**
*lateinisch:* zum altrömischen Geschlecht der Petronier gehörend; ursprünglich vom griechischen »petros« = Fels

**Peye**
westfriesische Form von Paul

**Philipp**
*griechisch:* Pferdefreund

**Pidder**
nordfriesische Form von Peter

**Pier**
niederländische und italienische Nebenform von Peter

**Piet**
niederländische und niederdeutsche Form von Peter

**Pietari**
finnische Form von Peter

**Pieter**
niederländische und niederdeutsche Form von Peter

**Pim**
niederländische Koseform von Wilhelm

**Pitter**
niederländische Form von Peter

**Pol**
niederdeutsche Form von Paul

**Pole**
niederdeutsche Form von Paul

**Poul**
dänische Form von Paul

# R

**Radolf**
*aus dem Althochdeutschen:* Ratgeber und Wolf

**Ragn**
Nebenform von Regnar

**Ragnar**
nordische Form von Rainer; oder Nebenform von Regnar

**Ragner**
Nebenform von Regnar

**Raimund**
*aus dem Althochdeutschen:* Rat und Schutz der Unmündigen

**Rainer**
auch Reiner; *aus dem Althochdeutschen:* Rat, Ratschluss und Heer

**Randi**
auch Randy; Koseformen von Randolf; auch als weibliche Vornamen!

**Randolf**
auch Randulf; *aus dem Alt-*

*hochdeutschen:* Schild und Wolf

**Ratward**
*aus dem Althochdeutschen:* Ratgeber und Schutz

**Redelf**
friesische Form von Radolf

**Redlef**
friesische Form von Radolf

**Redlof**
friesische Form von Radolf

**Redward**
friesische Form von Ratward

**Reelef**
friesische Form von Radolf

**Reeleff**
friesische Form von Radolf

**Reelf**
friesische Form von Radolf

**Reemt**
friesische Form von Raimund oder Reimbold

**Regnar**
*nordisch:* Kraft, Stärke, Macht und Krieger

**Regner**
Nebenform von Regnar

**Reich**
friesische Form von Richard

**Reimbert**
Nebenform von Reinbert

**Reimbold**
*aus dem Althochdeutschen:* Rat, Ratschluss und kühn

**Reimert**
niederdeutsche und niederländische Form von Reimbert

**Reinaert**
niederländische Form von Reinhard

**Reinbert**
*aus dem Althochdeutschen:* Rat, Ratschluss und glänzend

**Reinecke**
friesische Form von Vornamen, die mit »Rein-« (Rat, Ratschluss) zusammengesetzt sind

**Reinhard**
*aus dem Althochdeutschen:* Rat, Ratschluss und hart, stark, kühn

**Reinke**
friesische Kurzform von Vornamen, die mit »Rein-« (Rat, Ratschluss) zusammengesetzt sind; auch als weiblicher Vorname!

**Reinko**
ostfriesische Form von Reinhard

**Reinske**
friesische Kurzform von Vornamen, die mit »Rein-« (Rat, Ratschluss) zusammengesetzt sind; auch als weiblicher Vorname!

**Reint**
friesische Kurzform von Vor-

namen, die mit »Rein-« (Rat, Ratschluss) zusammengesetzt sind; auch als weiblicher Vorname!

**Reintje**
friesische Kurzform von Vornamen, die mit »Rein-« (Rat, Ratschluss) zusammengesetzt sind; auch als weiblicher Vorname!

**Rejer**
dänische Form von Regnar

**Reku**
finnische Kurzform von Richard

**Relef**
friesische Kurzform von Radolf

**Releff**
friesische Kurzform von Radolf

**Relf**
friesische Kurzform von Radolf

**Rembt**
friesische Nebenform von Reimbold

**Remko**
friesische Kurzform von Vornamen, die mit »Rein-« (Rat, Ratschluss) zusammengesetzt sind

**Remmert**
niederdeutsche und friesische Form von Reimbert

**Remt**
friesische Nebenform von Reimbold

**Renke**
friesische Form von Reinhard; oder niederdeutsche Kurzform von Vornamen, die mit »Rein-« (Rat, Ratschluss) zusammengesetzt sind; auch als weiblicher Vorname!

**Renko**
friesische Form von Reinhard; oder niederdeutsche Kurzform von Vornamen, die mit »Rein-« (Rat, Ratschluss) zusammengesetzt sind

**Renz**
friesische Kurzform von Lorenz oder Reinhard

**Richard**
*aus dem Althochdeutschen:* reich, mächtig und hart, stark, kühn

**Richmar**
*aus dem Althochdeutschen:* reich, mächtig und berühmt

**Rickard**
schwedische und englische Form von Richard

**Rickert**
niederdeutsche und friesische Form von Richard

**Rickmer**
friesische Form von Richmar

**Ridsert**
westfriesische Form von Richard

**Ridzard**
ostfriesische Form von Richard

**Riek**
friesische Form von Richard

**Righard**
westfriesische Nebenform von Richard

**Rik**
niederländische Kurzform von Frederik oder Hendrik

**Rikdag**
*nordisch:* Fürst und Tag

**Rikkart**
friesische Form von Richard

**Rikkert**
friesische Form von Richard

**Risto**
finnische Kurzform von Christoph

**Ritsch**
friesische Form von Richard

**Ritser**
friesische Form von Richard

**Ritserd**
friesische Form von Richard

**Ritzard**
ostfriesische Form von Richard

**Ritzart**
ostfriesische Form von Richard

**Rix**
friesische Kurzform von Vornamen, die mit »-rik« zusammengesetzt sind, z. B. Hendrik

**Roald**
norwegische Form von Rodewald

**Roar**
nordische Form von Rüdiger; oder *nordisch:* Ruhm, Ehre und Krieger

**Röbbe**
friesische Form von Robert

**Robert**
Nebenform von Rupert

**Roderich**
*aus dem Althochdeutschen:* Ruhm und reich, mächtig

**Rodewald**
*aus dem Althochdeutschen:* Ruhm und walten, herrschen

**Roeland**
niederländische Form von Roland

**Roele**
friesische Form von Rudolf

**Roelef**
friesische Form von Rudolf

**Roelf**
friesische Form von Rudolf

**Roelke**
friesische Form von Rudolf

**Roelof**
friesische Form von Rudolf

**Roger**
niederdeutsche, englische und französische Form von Rüdiger

**Rogier**
niederländische Form von Rüdiger

**Rokil**
*nordisch:* Ruhm und Helm

**Roland**
*aus dem Althochdeutschen:* Ruhm und kühn

**Rolf**
Kurzform und englische Form von Rudolf

**Rolof**
friesische Form von Rudolf

**Roloff**
friesische Form von Rudolf

**Roluf**
friesische Form von Rudolf

**Roolof**
friesische Form von Rudolf

**Ror**
vermutlich Nebenform von Roar

**Rorik**
friesische Form von Roderich

**Rötger**
niederdeutsche Form von Rüdiger

**Ruar**
Nebenform von Roar

**Rüdiger**
*aus dem Althochdeutschen:* Ruhm, Ehre und Speer

**Rudolf**
*aus dem Althochdeutschen:* Ruhm und Wolf

**Runar**
Nebenform von Rune

**Rune**
schwedische Kurzform von Vornamen, die mit »Run-« (vom althochdeutschen »runa« = Geheimnis, Zauber) zusammengesetzt sind; auch als weiblicher Vorname!

**Runi**
Nebenform von Rune

**Runo**
Nebenform von Rune

**Rupert**
*aus dem Althochdeutschen:* Ruhm und glänzend

**Rurik**
nordische und russische Form von Roderich

**Rutger**
niederländische Form von Rüdiger

**Ruud**
niederländische Kurzform von Rudolf

**Ryolf**
nordische Form von Rudolf

# S

**Schwider**
niederdeutsche Nebenform von Sweer

**Schwindher**
niederdeutsche Nebenform von Sweer

**Sebe**
Kurzform von Sebert

**Sebert**
friesische Form von Siegbert

**Sebo**
friesische Kurzform von Siegbald oder Siegbert

**Seier**
Nebenform von Sejr

**Seir**
Nebenform von Sejr

**Sejer**
Nebenform von Sejr

**Sejr**
*nordisch:* Sieg und Krieger

**Sent**
friesische Form von Vincent

**Sentz**
friesische Form von Vincent

**Servaas**
niederländische Form von Servatius

**Servatius**
*lateinisch:* der Gerettete

**Severin**
auch Severinus; *lateinisch:* der Strenge, Ernste

**Sewart**
Nebenform von Siewert

**Siaard**
friesische Kurzform von Vornamen, die mit »Sieg-« (Sieg) zusammengesetzt sind, vor allem von Sieghard

**Siard**
friesische Kurzform von Vornamen, die mit »Sieg-« (Sieg) zusammengesetzt sind

**Sibo**
friesische Kurzform von Siegbald oder Siegbert

**Sicco**
niederdeutsche, friesische und niederländische Kurzform von Vornamen, die mit »Sieg-« (Sieg) zusammengesetzt sind

**Siegbald**
*aus dem Althochdeutschen:* Sieg und kühn

**Siegbert**
*aus dem Althochdeutschen:* Sieg und glänzend

**Siegfried**
*aus dem Althochdeutschen:* Sieg und Friede

**Sieghard**
*aus dem Althochdeutschen:* Sieg und hart

**Siegwald**
*aus dem Althochdeutschen:* Sieg und walten, herrschen

**Siegward**
*aus dem Althochdeutschen:* Sieg und Hüter

**Sierd**
friesische Kurzform von Sieghard

**Sierk**
friesische Kurzform von Vornamen, die mit »Sieg-« (Sieg) zusammengesetzt sind

**Siert**
friesische Kurzform von Sieghard

**Sievert**
friesische Form von Siegward

**Siewert**
friesische und niederdeutsche Form von Siegward

**Sigfus**
*nordisch:* Sieg und Eifer

**Sigge**
Nebenform von Sigger

**Sigger**
*nordisch:* Sieg und Speer

**Siggo**
niederdeutsche und niederländische Kurzform von Vornamen, die mit »Sieg-« (Sieg) zusammengesetzt sind

**Sigo**
niederdeutsche und niederländische Kurzform von Vornamen, die mit »Sieg-« (Sieg) zusammengesetzt sind

**Sigtryg**
*nordisch:* Sieg und verlässlich

**Sigurd**
nordische Form von Siegward; oder runenschriftliche nordische Form von Siegfried

**Sikko**
niederdeutsche, friesische und niederländische Kurzform von Vornamen, die mit »Sieg-« (Sieg) zusammengesetzt sind

**Silko**
männliche Form von Silke

**Silvester**
*lateinisch:* der zum Wald Gehörende

**Simke**
niederdeutsche Kurzform von Vornamen, die mit »Sieg-« (Sieg) zusammengesetzt sind; auch als weiblicher Vorname!

**Sinold**
friesische Form von Siegwald

**Sirk**
niederdeutsche und friesische Kurzform von Vornamen, die mit »Sieg-« (Sieg) zusammengesetzt sind

**Siverd**
friesische Form von Siegward

**Sivert**
friesische Form von Siegward

**Siwert**
Nebenform von Sivert

**Sixten**
schwedischer Vorname, der sich aus Sighsten, von altschwedisch »sighr« (Sieg) und »sten« (Stein), entwickelt hat

**Skat**
*nordisch:* Schatz, Kostbarkeit

**Skipp**
*aus dem Altnorwegischen:* Schiffseigner

**Skjalm**
*nordisch:* Schelm

**Snorre**
*nordisch:* schnell, flink

**Snorri**
isländische Form von Snorre

**Söncke**
norddeutscher und friesischer Vorname, eigentlich »Söhnchen«

**Sönke**
norddeutscher und friesischer Vorname, eigentlich »Söhnchen«

**Sönnich**
norddeutscher und friesischer Vorname, eigentlich »Söhnchen«

**Sören**
dänische, niederländische und niederdeutsche Form von Severin

**Staffan**
schwedische Form von Stephan

**Staffen**
jütländische Form von Stephan

**Steen**
dänische und englische Form von Sten

**Steff**
niederdeutsche Kurzform von Stephan

**Steinar**
norwegische Form von Sten

**Sten**
nordischer Vorname; vom runenschriftlichen »sten« = Stein

**Stener**
*nordisch:* Stein und Speer

**Stephan**
auch Stefan, Stephanus; *griechisch:* Krone, Kranz

**Steven**
niederländische und englische Nebenform von Stephan

**Stig**
*nordisch:* Wanderer

**Stiig**
Nebenform von Stig

**Sture**
*nordisch:* groß; oder der Eigensinnige

**Süncke**
nordfriesische Form von Söncke

**Sune**
*nordisch:* Sohn

**Svante**
schwedische Form von Swante

**Svein**
norwegische Form von Sven

**Sveinn**
norwegische Form von Sven

**Sven**
*nordisch:* junger Mann, Knappe

**Svend**
Nebenform von Sven

**Svende**
Nebenform von Sven

**Svenn**
Nebenform von Sven

**Svenning**
Koseform von Sven

**Sverre**
*nordisch:* der Geschäftige, Eifrige

**Sverri**
norwegische Form von Sverre

**Swante**
*slawisch:* Kriegsvolk

**Sweer**
*aus dem Altsächsischen und dem Althochdeutschen:* stark, recht und Heer

**Swen**
Nebenform von Sven

**Syste**
friesische Kurzform von Silvester

# T

**Tade**
friesische Kurzform von Vornamen, die mit »Diet-« (Volk) zusammengesetzt sind

**Taeike**
friesische Kurzform von Vornamen, die mit »Diet-« (Volk) zusammengesetzt sind

**Taetse**
friesische Kurzform von Vornamen, die mit »Diet-« (Volk) zusammengesetzt sind

**Tage**
nordischer Vorname; ursprünglich Beiname für den Bürgen und den Gewährsmann

**Tako**
friesische Kurzform von Vornamen, die mit »Diet-« (Volk) zusammengesetzt sind

**Tamme**
alte friesische Form von Dankmar oder Thomas

**Tammes**
dänische Form von Thomas

**Tammo**
alte friesische Form von Dankmar oder Thomas

**Tarje**
Nebenform von Terje

**Tave**
Nebenform von Tage

**Tebbe**
friesische Form von Theodebert; oder friesische Kurzform von Vornamen, die mit »Diet-« (Volk) zusammengesetzt sind

**Tebbo**
friesische Form von Theodebert; oder friesische Kurzform von Vornamen, die mit »Diet-« (Volk) zusammengesetzt sind

**Tede**
friesische Kurzform von Vornamen, die mit »Theod-« oder »Diet-« (Volk) zusammengesetzt sind; auch als weiblicher Vorname!

**Tedo**
friesische Kurzform von Vornamen, die mit »Diet-« (Volk) zusammengesetzt sind

**Temmo**
friesische Form von Dietmar

**Terje**
norwegische Form von Thorger

**Terkil**
Nebenform von Thorkil

**Terkild**
Nebenform von Thorkil

**Teteus**
friesische Kurzform von Vornamen, die mit »Diet-« (Volk) zusammengesetzt sind

**Tetje**
friesische Kurzform von Vornamen, die mit »Diet-« (Volk) zusammengesetzt sind

**Teut**
niederdeutsche und friesische Kurzform von Vornamen, die mit »Diet-« (Volk) zusammengesetzt sind

**Thaisen**
friesische Form von Matthias

**Tharben**
Nebenform von Thorben

**Theodebert**
latinisierte Form von Dietbert

**Theodor**
*griechisch:* Geschenk Gottes

**Therkel**
Nebenform von Thorkil

**Therkil**
Nebenform von Thorkil

**Therkild**
Nebenform von Thorkil

**This**
niederdeutsche Kurzform von Matthias

**Thomas**
*hebräisch:* der Zwilling

**Thor**
nordische Form von Donar (Name des germanischen Donnergottes); vom nordischen »thor« = kühn

**Thorald**
*nordisch:* Thor und Hüter

**Thoralf**
*nordisch:* Thor und Elf, Naturgeist

**Thorben**
dänische Nebenform von Torbjörn

**Thorbjörn**
dänische Nebenform von Torbjörn

**Thorbrand**
*nordisch:* Thor und Brand, Schwert

**Thore**
*nordisch:* Thor; zweiter Bestandteil unklar

**Thorer**
*nordisch:* Thor und Speer

**Thorfin**
*nordisch:* Thor und Finne

**Thorfinn**
*nordisch:* Thor und Finne

**Thorge**
*nordisch:* Thor und Speer

**Thorger**
*nordisch:* Thor und Speer

**Thorgert**
Nebenform von Thorger

**Thorgny**
*nordisch:* Thor und Lärm

**Thorgot**
*nordisch:* Thor und Gotländer

**Thorkell**
*nordisch:* Thor und Kessel, Helm

**Thorkil**
*nordisch:* Thor und Kessel, Helm

**Thorlak**
*nordisch:* Thor und Spiel

**Thorlek**
Nebenform von Thorlak

**Thormod**
*nordisch:* Thor und Mut

**Thorolf**
*nordisch:* Thor und Wolf

**Thorsten**
*nordisch:* Thor und Stein(waffe)

**Thorwald**
*nordisch:* Thor und walten, herrschen

**Thure**
*nordisch:* Thor; zweiter Bestandteil unklar

**Tiade**
friesische Kurzform von Vornamen, die mit »Diet-« (Volk) zusammengesetzt sind, vor allem von Detlef

**Tialf**
friesische Kurzform von Detlef

**Tiard**
friesische Kurzform von Diethard

**Tiark**
friesische Kurzform von Dietrich

**Tiarke**
friesische Kurzform von Dietrich

**Tiddo**
friesische Kurzform von Vornamen, die mit »Diet-« (Volk) zusammengesetzt sind, vor allem von Dietrich

**Tido**
friesische Kurzform von Vornamen, die mit »Diet-« (Volk) zusammengesetzt sind, vor allem von Dietrich

**Tiedo**
friesische Kurzform von Vornamen, die mit »Diet-« (Volk) zusammengesetzt sind, vor allem von Dietrich

**Tile**
friesische Kurzform von Vornamen, die mit »Diet-« (Volk) zusammengesetzt sind

**Tilg**
niederländische Form von Ägid

**Till**
friesische Kurzform von Vornamen, die mit »Diet-« (Volk) zusammengesetzt sind

**Tillman**
friesische Kurzform von Vornamen, die mit »Diet-« (Volk) zusammengesetzt sind

**Tillmann**
friesische Kurzform von Vornamen, die mit »Diet-« (Volk) zusammengesetzt sind

**Tillo**
friesische Kurzform von Vornamen, die mit »Diet-« (Volk) zusammengesetzt sind

**Tilman**
friesische Kurzform von Vornamen, die mit »Diet-« (Volk) zusammengesetzt sind

**Tilmann**
friesische Kurzform von Vornamen, die mit »Diet-« (Volk) zusammengesetzt sind

**Tjalf**
friesische Kurzform von Detlef oder Dietwolf

**Tjammar**
friesische Form von Dietmar

**Tjard**
friesische Kurzform von Diethard

**Tjark**
friesische Kurzform von Dietrich

**Tjelle**
dänische Form von Detlef

**Tobias**
aus der Bibel übernommener Vorname hebräischer Herkunft: Gott ist gut

**Toivo**
finnische Form von Tobias

**Tolvar**
Koseform von Thorolf

**Tolver**
Koseform von Thorolf

**Tomas**
schwedische Form von Thomas

**Toralf**
*nordisch:* Thor und Elf, Naturgeist

**Torben**
dänische Nebenform von Torbjörn

**Torbjörn**
*nordisch:* Thor und Bär oder Mann, Held, Krieger

**Torbrand**
*nordisch:* Thor und Brand, Schwert

**Tord**
nordische Kurzform von Vornamen, die mit »Tore-« (vom nordischen »thor« = kühn) zusammengesetzt sind; oder *nordisch:* Thor und Friede

**Tordur**
isländische Form von Thor

**Tore**
*nordisch:* Thor; zweiter Bestandteil unklar

**Torfin**
Nebenform von Thorfin

**Torfinn**
Nebenform von Thorfin

**Torger**
*nordisch:* Thor und Speer

**Torgni**
Nebenform von Thorgny

**Torgny**
Nebenform von Thorgny

**Torgot**
Nebenform von Thorgot

**Torgrim**
*nordisch:* Thor und Helm, Schutz

**Torke**
*nordisch:* Thor und Speer

**Torkel**
Nebenform von Thorkell

**Torkil**
Nebenform von Thorkell

**Torkild**
Nebenform von Thorkell

**Torlak**
Nebenform von Thorlak

**Torlek**
Nebenform von Thorlak

**Torm**
Koseform von Thormod

**Tormod**
Nebenform von Thormod

**Torolf**
*nordisch:* Thor und Wolf

**Torstein**
Nebenform von Torsten

**Torsten**
*nordisch:* Thor und Stein(waffe)

**Torulf**
*nordisch:* Thor und Wolf

**Torvald**
*nordisch:* Thor und walten, herrschen

**Torvind**
Nebenform von Thorfin

**Torwald**
*nordisch:* Thor und walten, herrschen

**Toste**
Koseform von Torsten

**Tove**
im Schwedischen als männlich aufgefasster Vorname, Kurzform von Vornamen, die mit »Thor« (Thor) zusammengesetzt sind; auch als weiblicher Vorname!

**Tryggve**
*nordisch:* treu, zuverlässig

**Trygve**
*nordisch:* treu, zuverlässig

**Trym**
*nordisch:* Lärm

**Tuomo**
finnische Form von Thomas

**Ture**
*nordisch:* Thor; zweiter Bestandteil unklar

**Tyärk**
friesische Kurzform von Dietrich

**Tycho**
dänischer Vorname, angelehnt an das griechische »tyche« = Glück, Schicksal, Fügung

**Tyge**
dänische Form von Tycho

**Tyl**
friesische Kurzform von Vornamen, die mit »Diet-« (Volk) zusammengesetzt sind

# U

**Ubald**
*aus dem Althochdeutschen:* Sinn, Geist und kühn

**Ubbe**
nordische Koseform von Ulf

**Ubbo**
friesische Kurzform von Ubald

**Ubbod**
friesische Kurzform von Ubald

**Ude**
ostfriesische Kurzform von Vornamen, die mit »Ud-« (Besitz, Erbgut) zusammengesetzt sind; auch als weiblicher Vorname!

**Udo**
ursprünglich ostfriesische Kurzform von Vornamen, die mit »Ud-« (Besitz, Erbgut) zusammengesetzt sind; oder niederdeutsche Form von Otto

**Ufe**
friesische Kurzform von Wolfbert

**Ufert**
friesische Kurzform von Wolfbert

**Uffe**
friesische Kurz- und Koseform von Vornamen, die mit »Ud-« (Besitz, Erbgut) zusammengesetzt sind; oder friesische Kurzform von Wolfbert

**Uffke**
friesische Kurzform von Wolfbert

**Uffo**
friesische Kurz- und Koseform von Vornamen, die mit »Ud-« (Besitz, Erbgut) zusammengesetzt sind

**Ufko**
friesische Kurzform von Wolfbert

**Ulbe**
friesische Kurzform von Odilbert

**Ulbert**
friesische Kurzform von Odilbert

**Ulbet**
friesische Kurzform von Odilbert

**Ule**
schwedische Kurzform von Ulrich

**Ulerk**
friesische Form von Ulrich

**Ulf**
*nordisch:* Wolf; oder friesische Kurzform von Ulfried

**Ulfart**
friesische Form von Wolfhard

**Ulff**
Nebenform von Ulf

**Ulfo**
*nordisch:* Wolf; oder friesische Kurzform von Ulfried

**Ulfried**
*aus dem Althochdeutschen:* Besitz, Erbgut und Friede

**Ulrich**
*aus dem Althochdeutschen:* Besitz, Erbgut und reich, mächtig

**Ulrik**
niederdeutsch-friesische und nordische Form von Ulrich

**Ulv**
schwedische Form von Ulf

**Ulver**
*nordisch:* Wolf und Krieger

**Ulw**
*nordisch:* Wolf; oder friesische Kurzform von Ulfried

**Umme**
friesische Kurzform von Otmar

**Ummo**
friesische Kurzform von Otmar

**Unne**
friesische Kurzform, deren Ursprungsform nicht mehr erkennbar ist

**Unno**
friesische Kurzform, deren Ursprungsform nicht mehr erkennbar ist

**Uno**
friesische Kurzform, deren Ursprungsform nicht mehr erkennbar ist

**Ursus**
*lateinisch:* Bär

**Uto**
Nebenform von Udo

**Utto**
Nebenform von Udo

**Uve**
Nebenform von Uwe

**Uvo**
Nebenform von Uwe

**Uwe**
friesische Kurzform von Vornamen, die mit »Ot-« (Besitz) oder »Ul-« (Erbgut, Stammgut, Erbbesitz) zusammengesetzt sind

**Uwo**
Nebenform von Uwe

# V

**Valdemar**
dänische Form von Waldemar

**Valentin**
*lateinisch:* kräftig, gesund

**Vanja**
slawischer Vorname; Bedeutung unklar; vielleicht Nebenform von Wanja; auch als weiblicher Vorname!

**Veetrikki**
finnische Form von Friedrich

**Veit**
vom althochdeutschen »witu« = Wald, Gehölz

**Velten**
norddeutsche Form von Valentin

**Veltin**
norddeutsche Form von Valentin

**Verner**
dänische und schwedische Form von Werner

**Vidar**
andere Form von Widar

**Vigfus**
*nordisch:* Kampf und Eifer

**Vigge**
*nordisch:* Heiligtum und Krieger

**Viggo**
dänische Form von Viktor

**Viktor**
*lateinisch:* Sieger

**Vilhelm**
schwedische und bulgarische Form von Wilhelm

**Villum**
jütländische Form von Wilhelm

**Vincent**
niederländische, englische und französische Form von Vinzenz

**Vinzenz**
auch Vinzent; *lateinisch:* der Sieger

**Volkmar**
*aus dem Althochdeutschen:* Volk, Kriegsschar und berühmt

**Volmar**
Nebenform von Volkmar

**Völund**
dänische Form von Wieland

**Völundar**
altnordische Form von Wieland

# W

**Waldemar**
*aus dem Althochdeutschen:* walten, herrschen und berühmt

**Walter**
auch Walther; *aus dem Althochdeutschen:* walten, herrschen und Heer

**Wanja**
russische Koseform von Iwan; auch als weiblicher Vorname!

**Warnart**
friesische Form von Wernhard

**Warner**
niederdeutsche und friesische Form von Werner

**Warnert**
friesische Kurzform von Wernhard

**Warnfried**
niederdeutsche und friesische Form von Wernfried

**Wedig**
niederdeutsch-friesische Kurzform von Vornamen, die mit »Wede-« (auf das althochdeutsche »widu« = Wald, Gehölz bezogen) zusammengesetzt sind

**Wedigo**
andere Form von Wedig

**Weeko**
männliche Form von Weeka oder Weekea

**Weerd**
friesische Form von Wighard

**Weert**
friesische Form von Wighard

**Weiart**
friesische Form von Wighard

**Weierd**
friesische Form von Wighard

**Weiert**
friesische Form von Wighard

**Weko**
niederdeutsch-friesische Kurzform von Vornamen, die mit »Wede-« (auf das althochdeutsche »widu« = Wald, Gehölz bezogen) zusammengesetzt sind

**Wellem**
niederländische, niederdeutsche und rheinische Form von Wilhelm

**Welmer**
ostfriesische Form von Willimar

**Welmot**
friesische Form von Wilmut

**Wenemar**
niederdeutsche Form von Winemar

**Werner**
auch Wernher; *aus dem Althochdeutschen:* aus dem Stamm der Warnen oder wehren und Heer

**Wernfried**
*aus dem Althochdeutschen:* aus dem Stamm der Warnen oder wehren und Friede

**Wernhard**
*aus dem Althochdeutschen:* aus dem Stamm der Warnen oder wehren und hart, stark

**Wessel**
friesische Koseform von Werner

**Wiard**
friesische Form von Wighard

**Wiart**
friesische Form von Wighard

**Wibo**
friesische Kurzform von Wigbald

**Wibold**
friesische Kurzform von Wigbald

**Wibolt**
friesische Kurzform von Wigbald

**Widar**
*nordisch:* Holz, Wald und Krieger

**Wieland**
auch Weiland; *aus dem Althochdeutschen:* kunstfertig; wörtlich etwa: Goldschmied; ursprünglich vom angelsächsischen »veljan« = List und »lund« = Gesinnung

**Wier**
andere Form von Wigge

**Wigbald**
*aus dem Althochdeutschen:* Kampf und kühn

**Wigge**
friesische Kurzform von Vor-

namen, die mit »Wig-« (Kampf) zusammengesetzt sind

**Wigger**
friesische Kurzform von Vornamen, die mit »Wig-« (Kampf) zusammengesetzt sind

**Wiggo**
friesische Kurzform von Vornamen, die mit »Wig-« (Kampf) zusammengesetzt sind

**Wighard**
*aus dem Althochdeutschen:* Kampf und hart, stark, kühn

**Wilhard**
*aus dem Althochdeutschen:* Wille und hart, stark, kühn

**Wilhelm**
*aus dem Althochdeutschen:* Wille und Helm, Schutz

**Wilken**
friesische Kurzform von Wilhelm oder anderen Vornamen, die mit »Wil-« (Wille) zusammengesetzt sind

**Wilken**
friesische Kurzform von Wilhelm oder anderen Vornamen, die mit »Wil-« (Wille) zusammengesetzt sind

**Wilko**
friesische Kurzform von Wilhelm oder anderen Vornamen, die mit »Wil-« (Wille) zusammengesetzt sind

**Willaert**
niederländische Form von Wilhard

**Willebald**
niederländische Form von Willibald

**Willem**
niederdeutsche und niederländische Form von Wilhelm

**Willibald**
*aus dem Althochdeutschen:* Wille und kühn

**Willimar**
*aus dem Althochdeutschen:* Wille und berühmt

**Willo**
ostfriesische Kurzform von Vornamen, die mit »Wil-« (Wille) zusammengesetzt sind

**Wilm**
niederdeutsche Kurzform von Wilhelm

**Willum**
jütländische Form von Wilhelm

**Wilmut**
*aus dem Althochdeutschen:* Wille und Sinn, Geist

**Winald**
*aus dem Althochdeutschen:* Freund und walten, herrschen

**Winand**
*aus dem Althochdeutschen:* Kampf und kühn, wagemutig

**Winemar**
*aus dem Althochdeutschen:* Freund und berühmt

**Winno**
friesische Kurzform von Winald

**Winold**
friesische Form von Winald

**Winolt**
friesische Form von Winald

**Witas**
schwedische Form von Veit

**Woldemar**
niederdeutsche und dänische Form von Waldemar

**Wolfbert**
Neubildung aus Wolf und Vornamen, die mit »-bert« (glänzend) zusammengesetzt sind

**Wolfhard**
*aus dem Althochdeutschen:* Wolf und hart, stark, kühn

**Wolter**
niederdeutsche Form von Walter

**Wout**
niederländische Kurzform von Walter

**Wouter**
niederländische Form von Walter

**Wybren**
friesischer Vorname althochdeutscher Herkunft: Kampf und Bär

**Wyn**
friesische Kurzform von Winand

**Wyne**
friesische Kurzform von Winand

**Wynand**
friesische Form von Winand

**Wyneken**
friesische Form von Winand

# Y

**Yngvar**
Nebenform von Ingvar

**Yngvard**
Nebenform von Ingvar

**Yngve**
nordische Form von Ingwin

**Yole**
*nordisch:* Jütländer

**Yorck**
dänische und englische Form von Georg

**Yorick**
dänische Form von Georg

**York**
dänische und englische Form von Georg

**Yorrick**
dänische Form von Georg

**Yul**
schwedische Form von Yule; auch *mongolisch:* jenseits des Horizonts

**Yule**
*schottisch und nordenglisch:* Weihnacht

**Yves**
aus dem Französischen übernommener Vorname, der auf die altfranzösischen Ritternamen Ive, Ivo und Ivon zurückgeht

**Yvo**
Nebenform von Ivo oder Yves

# Z

**Zammert**
friesische Form von Dietmar

**Zebe**
Nebenform von Sebe

**Zerres**
niederdeutsche und rheinische Kurzform von Severin

# Literaturverzeichnis


*Bogan, Evan:* Navnebogen, Bogans Forlag, Lynge, 3. Auflage 1997

*Drosdowski, Günther:* Lexikon der Vornamen, Dudenverlag, Mannheim, Wien, Zürich, 2. Auflage 1974

*Eberhard-Wabnitz, Margit/Leisering, Horst:* Knaurs Buch der Vornamen, München 1998

*Eder, Angelika:* Das Buch der Vornamen, Buch und Zeit Verlagsgesellschaft mbH, Köln 1996

*Gesellschaft für deutsche Sprache* (Hg.): Internationales Handbuch der Vornamen, Verlag für Standesamtswesen, Frankfurt/M. 1986

*Jacob, Lutz:* Kleines Vornamenbuch, FALKEN Verlag, Niedernhausen 1998

*Kohlheim, Rosa:* Duden. Das große Vornamenbuch, Dudenverlag, Mannheim, Leipzig, Wien 1998

*Köhr, Dietrich:* Wie soll es heißen?, FALKEN Verlag, Niedernhausen 1996/1998

*Le Rouzic, Pierre:* The Name Book. A Name For a Lifetime, Topos Press, Fairfield 1989

Lechner's Vornamenbuch, Lechner Eurobooks, ohne Ort 1995

*Raguin, Cathérine/Raguin, Philippe:* L'Officiel des prénoms d'Europe, Marabout, ohne Ort 1993

*Raveling, Irma:* Die Ostfriesischen Vornamen. Herkunft, Bedeutung und Verbreitung, Verlag Ostfriesische Landschaft, Aurich, 3. Auflage 1988

*Richman, Daniel Avram:* From Aaron to Zoe. 15 000 Great Baby Names, Little, Brown and Company, Boston, New York, Toronto, London 1993

*Rule, Lareina:* Name Your Baby, Bantam Books, New York, Toronto, London, Sydney, Auckland 1986

*Schill, Ines:* Von Alexander bis Zoe. 4000 Vornamen aus aller Welt, Bassermann'sche Verlagsbuchhandlung, Niedernhausen 1998

*Schwegel, Janet:* The Baby Name Countdown. Popularity and Meanings of Today's Baby Na-

mes, Marlowe & Company, New York, 4. Auflage 1997
*Seibicke, Wilfried:* Die Personennamen im Deutschen, Walter de Gruyter, Berlin, New York 1982
*Seibicke, Wilfried:* Vornamen, Verlag für Standesamtswesen, Frankfurt/M., 2. Auflage 1991
*Voorgang, Dietrich* (Hg.): Das große Vornamenbuch, FALKEN Verlag, Niedernhausen 1999
*Voorgang, Dietrich* (Hg.): Die schönsten Jungen-Namen, FALKEN Verlag, Niedernhausen 1999
*Voorgang, Dietrich* (Hg.): Die schönsten Mädchen-Namen, FALKEN Verlag, Niedernhausen 1999
*Voorgang, Dietrich* (Hg.): Die schönsten Vornamen, FALKEN Verlag, Niedernhausen, 2. revidierte Auflage 1999
*Voorgang, Dietrich* (Hg.): Von Alissa bis Zoltán. Vornamen aus aller Welt, FALKEN Verlag, Niedernhausen 1998
*Wallace, Carol:* 20 001 Names for Baby, Avon Books, New York 1992
*Weitershaus, Friedrich-Wilhelm:* Wie soll unser Kind heißen? Das neue große Vornamenbuch, Mosaik Verlag, München 1995
*Wilen, Joan/Wilen, Lydia:* The Perfect Name for the Perfect Baby, Ballantine Books, New York 1997